第一性原理学习法

回归学习底层逻辑，解密快速提分方法

牧青野 / 著

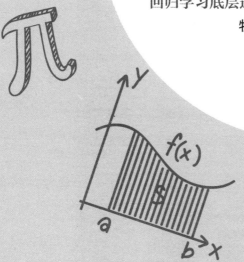

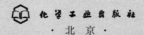

化学工业出版社

·北京·

内容简介

本书致力于让更多学生在学习中通过使用第一性原理思维，找到更好的学习方法，提升学习基础能力，提高学习效率。全书分为8章，通过回到学习的本质，研究从学习输入到学习输出过程中的各分支要素，提升学习基础能力（学习力、专注力、行动力、内驱力、应试力）；以学习环节（预习、课堂、课后）为逻辑顺序，搭建适合每个人的自学系统，解决各种普适性及个性化学习问题。

图书在版编目（CIP）数据

第一性原理学习法 / 牧青野著. —北京：化学工业出版社，2024.2（2025.3重印）
ISBN 978-7-122-44574-2

Ⅰ.①第… Ⅱ.①牧… Ⅲ.①学习方法 Ⅳ.① G442

中国国家版本馆 CIP 数据核字（2023）第 237412 号

责任编辑：罗　琨　　　　　　　　装帧设计：王　婧
责任校对：李雨晴

出版发行：化学工业出版社
　　　　　（北京市东城区青年湖南街13号　邮政编码100011）
印　　装：三河市双峰印刷装订有限公司
880mm×1230mm　1/32　印张8½　字数166千字
2025年3月北京第1版第5次印刷

购书咨询：010-64518888　　　　　售后服务：010-64518899
网　　址：http://www.cip.com.cn
凡购买本书，如有缺损质量问题，本社销售中心负责调换。

定　　价：48.00元　　　　　　　　　　版权所有　违者必究

前言

曾有一个问题困扰我多年：学习的本质到底是什么？

当我把这个问题抛给学生后，有学生回答说学习的本质是做好复习，还有学生回答说学习的本质在于行动；当然，也有学生认为学习的本质在于阅读和思考……答案虽各有不同，但都是基于自己的理解。

直到后来，偶然接触到"第一性原理"后，我重新使用"还原论"把学习这套庞杂的系统简化后发现：在学生阶段，学习的过程是从输入、吸收知识（以书本为主），到掌握、输出知识（以考试为主）的过程，输入到输出，是知识的内化过程。

这个内化过程中，有两个停留在原点的要素：一个是知识，还有一个经常会被很多人忽视——你自己。

也就是说，在初始点决定学习未来走向的，不仅有知识，还有人。人和知识建立关系的过程是自己学习知识、掌握知识的过程。无论外界因素如何变化，真正和知识之间相互链接，起决定作用的是你自己。

到这里就很清晰了，无论是复习，还是行动，抑或阅读、思考，从本质上来看，都是你作为个体和知识之间产生链接交互时采取的一些行为。

牛顿坐在树下，一个苹果砸到他的脑袋，牛顿思考并发现了万有引力定律。

苹果代表一个契机，牛顿代表遇到这个契机的人。

两者的"相遇"，才是万有引力定律被发现的原点。

砸在牛顿脑袋上的那个苹果，相当于你的书本；牛顿的基础知识积累、思考方式、后期为了发现真理而进行的研究，相当于你的学习过程。两者相互作用的过程，便是你的自学（发挥主动性）过程；两者相互作用的结果，便是你的自学成果。

所以，我们要解决的问题，便是自学的问题，也就是说要去控制并完善影响自学结果的每一个因素。在本书中，我们将会围绕着这些因素用第一性原理思维一一拆解，并给出可行的解决建议。

其实，一直以来，无论是在生活中还是学习中，有很多时候我们都在主动或被动地使用第一性原理思维。而第一性原理思维近年来走到大众面前被更多人看见，是源于特斯拉 CEO 埃隆·马斯克的大力推崇，他曾坦言自己之所以取得诸多成就，就是源于他在面对困难和问题时都会使用第一性原理思维。

他对第一性原理思维这样理解："不用比较思维去看待事物，而是用物理学的角度去看待。具体方法就是不受外界干扰，专注于事物本身，一层层拨开事物表象看到里面的本质，再从本质一层层往上推演。"

一位心理学教授曾说过："最好的成长是自我成长，最好的控制是自我控制。"没有什么学习方法能比拆解学习过程中的各个影响要素，并从中找出解决方法，最终构建完善的自学系统更有效的了。就像有人曾问马斯克是否相信上帝，他说自己只相信物理学，因为他认为所有目标都可以被拆解，并在拆解后重新找到更好的解决方法。

通过阅读本书，希望你能够更好地掌握如何使用第一性原理思维构建更适合自己的自学系统。并可以学习到：

1. 了解什么是第一性原理思维，并能够在学习中实际掌握运用这一思维模式；

2.如何使用第一性原理思维在学习时间线（课前、课中、课后）中提升学习效率，提高学习水平；

3.如何使用第一性原理思维提升学习的基础能力（学习力、专注力、行动力、内驱力、应试力）；

4.如何使用第一性原理思维解决学习中遇到的一些共性问题。

目录

第一章 探索
快速提升学习水平的新方法 // 001

一、底层密码：什么是第一性原理 // 002

学生的两个困境 // 002
"苏格拉底之死"和"第一性原理" // 004
两个参考坐标，两种思维方式 // 006
不是努力不够，而是方法不对 // 008

二、成就卓越：第一性原理的现实成就 // 011

"钢铁侠原型"马斯克的商业之路 // 011
传奇背后的唯一奥秘 // 013

三、探究真相：为什么不用追本溯源法 // 015

"釜底抽薪"和"扬汤止沸" // 015
从校园里的树，到你的英语成绩 // 017

四、认知破圈：学习的三大误区 // 020

误区一：弱化自我 // 021
误区二：学习系统碎片化 // 025
误区三：过度依赖外界因素 // 027
用学习的第一性原理，构建你的自学系统 // 028

五、思维误区：第一性原理学习法的局限性 // 030

为什么你比爱因斯坦的物理成绩差？ // 030

第二章 提升
▸▸ 如何把第一性原理运用在学习中 // 035

一、认知藩篱：从根源找出学习问题 // 036

关于学霸的三个问题 // 036
用第一性原理思维，解一道物理题 // 038
用第一性原理思维，溯源 8 个学习根源问题 // 039
用第一性原理思维，归类 3 个学习场景 // 041

二、认知组块：预习的 7 块砝码 // 043

三、认知行动：高效听课的 4 个动作 // 049

四、认知复盘：课后做作业的科学方法和习惯养成 // 054

五、认知修正：错题本建立的两大原则 // 060

重视错题本的日常积累 // 060
怎样用错题本高效复习 // 062

六、认知辅助：高效输入的方法 // 064

为什么阅读能力越来越重要？ // 064
阅读能力有三层，你在哪一层？ // 066

七、学习真相：挖出学习中的关键点 // 071

不要让你的思维固化 // 071
适当借用他律 // 073
从自身行动出发 // 073

八、向上推理：从点到面解决学习问题 // 076

学习系统化 // 076
学习结构化 // 077
"点—线—面"的深层逻辑 // 078

第三章 跃迁
▶ 如何通过第一性原理提升学习力 // 079

一、方式迭代：从传统孤立式学习到未来结网式学习 // 080

学习中面对的两大困境 // 080
如何搭建适合自己的知识网 // 084

二、调转方向：提升学习力的两大核心要素 // 086

提升学习力的原则是以终为始 // 086
提升学习力的底层逻辑是做好规划 // 090

三、重点取舍：学习过程中选择集中学习还是分散学习 // 105

分散学习为什么效果更好 // 105
集中学习的适用范围 // 109

四、知识定位：怎么在练习中选择习题 // 109

五、放大典型：复盘和思考时要找准策略 // 112

做好复盘的几个策略 // 112
复盘的两个角度 // 115
复盘的其他注意事项 // 115

六、思路填充：使用第一性原理学习法提升学习力的其他注意点 // 119

第四章 集中
▶ 如何用第一性原理提升专注力 // 123

一、核心要素：如何做到在学习时专注 // 124

专注的第一性原理是建立内在秩序 // 124
内在秩序是学习习惯的第一准则 // 126

二、核心因素：如何做到情绪专注 // 131

情绪专注的本质是保持最佳的身心状态 // 131

三、打好地基：什么样的思维模型可以提升专注力 // 134

提升专注力的3个原则 // 134

四、保持怀疑：从表象出发找出8个为什么 // 143

五、多重预测：从本质出发 // 148

把专注力的特点与学习方法相结合 // 148

认清自己在学习中的心理劣势　// 150

六、心流体验：让身心进入最佳状态　// 156

学习中的忘我状态　// 156
在学习中使用心流状态　// 157

第五章　实践
▶ 如何用第一性原理提升行动力　// 159

一、问题根源：行动力弱　// 160

让你的手和脑动起来　// 160
用逻辑提升行动力　// 162

二、觉察自我：认清自我才能更好地反本能　// 165

学习中，你也许只想急功近利　// 165
被忽视的时间复利　// 166
努力的过程最忌讳被量化　// 167

三、持续精进：形成自动化学习能力　// 169

你的行动力不强，是因为你练习得还不够　// 169
不要怕自己做不好　// 172
不要理想化你的行动结果　// 173

四、环境前因：先有他律再有自律　// 174

他律先于自律　// 174
借助他律的力量　// 174

五、明确步骤：学习指令越清晰，执行效果越好　// 176

减少选择项　// 176
把完成学习任务变成实现学习目标　// 178

六、先术后道：提高执行技能　// 179

你在学习中的执行技能可能并不强　// 180
学习任务从 10 到 1 去简化　// 181
60 分就很好　// 181
情绪平稳可屏蔽噪声　// 182
重新迭代你的行为　// 182

第六章　觉醒
如何用第一性原理提升内驱力　// 185

一、熵减策略：提升内驱力的核心是分类思维和底层思维　// 186

内驱力的本质是自主学习　// 186
吸引你努力学习的到底是什么　// 189
内驱力的分类　// 191
划分你的学习任务　// 192

二、定好前提：用结网式学习法构建知识树　// 194

用知识树打造高效系统的学习方法　// 194
学习和思考的本质　// 196

三、选对方法：怎么通过完善学习结构来提升内驱力　// 198

拥有成长型心态　// 198
学习中榜样的力量　// 200

四、厚积薄发：学习是一场耐力跑　// 203

学习不是短跑，而是一场马拉松　// 203

五、平行法则：怎样降低学习内耗　// 206

内耗的本质是找不到方向　// 206
驱动你学习的动力　// 207

六、拿来主义：站在巨人的肩膀上才能看得更远　// 211

第七章　技巧
▶▶ 如何用第一性原理提升应试力　// 215

一、问题简化：整体性思维　// 216

考试是整体性事件　// 216

二、结构化思维　// 222

三、全盘打通：思维导图　// 227

四、纵向叠加：搭建记忆宫殿　// 231

五、拆解重构：论证迭代　// 233

第八章　治疗（突破）
▶▶ 如何用第一性原理解决学习中的疑难杂症　// 237

一、科学干预：马虎问题的分类和解决方法　// 238

被忽视的三种马虎问题　// 238
从整体性出发解决马虎问题　// 241

二、预期差距：用心学却成绩不好的原因及解决方法　// 244

三、价值决策：成绩不稳定的原因及解决方法　// 247

四、知识树叶：输入不足的原因和解决方法　// 249

五、动机回避：沉迷网络的原因和解决方法　// 252

六、自我效能：习得性无助的原因和解决方法　// 255

第一章

探索

快速提升学习水平的新方法

> 通过阅读本章内容,读者将对第一性原理有更清晰的了解,并对第一性原理学习法有一个初步认识。

一、底层密码：什么是第一性原理

学生的两个困境

我们先代入两个场景。

场景一：期中考试后，老师正在讲台上表扬着成绩优异的同学。这时，教室最后一排的角落里，你的一位同学正趴在桌子上睡觉，被老师发现后点名批评："你每天上课就知道睡觉，你看看咱们班第一名，人家每天晚上不学到12点不睡，白天上课照样精神。"接着老师又夸了第二名，正好是你的前桌，你记得他前几天还和你吐槽自己熬夜太多，黑眼圈都快比上大熊猫了。

你在这一瞬间好像突然明白了，第一名和第二名每天都学到那么晚才睡，而你每天完成作业后就早早休息了，看来还是自己用心程度不够。于是，在后半学期，你下定决心要向第一名和第二名学习，也开始每天晚上熬夜学习，不熬到12点不睡。早已对你的学习不抱什么希望的父母，看到你如此用功非常欣慰，逢人就夸你终于开窍，懂得好好学习了，总算不辜负他们费心培养你一场。

就这样好不容易盼到期末考试，你既兴奋又紧张地等待着考试成绩的公布。结果，第一名，没有你；第二名，没有你；第三名，没有你……第十名，还是没有你。

等到最后，成绩全部公布完，意料之外的是你这次的名次居然不进反退。

出现这样的结果，你觉得会是什么原因呢？

① 睡得还不够晚，学习时间还不够长。

② 才晚睡了一学期，目前暂且拼不过学霸们长期的积累。

③ 努力无用，学习拼到最后靠的都是天赋。

④ 原因有很多，不能一概而论，需要拆解分析。

先保留场景一中的问题，我们进入第二个场景。

场景二：晚上回到家后，你坐在书桌前开始写课后作业。刚写了不到十分钟，就遇到了一道难题。这时候，你的第一反应会是什么？你接下来会做什么？

① 迅速调集之前大脑中的做题经验。

比如上次、上上次遇到类似题型时使用了哪种解答方法？通过之前的解题经验，类比找到这道题目的解答方法。

② 分析这道题背后出题者的思路，推测他要考查的知识点，根据逻辑判断进行求解。

这两个场景中的"你"遇到的困境，我们先暂不分析，留给后续详细剖析。

这里先回到本书要讲的主旨内容——第一性原理学习法。想要了解什么是第一性原理学习法，就要先弄明白什么是第一性原理。

"苏格拉底之死"和"第一性原理"

"第一性原理"作为一条物理定律,最初是由古希腊哲学家亚里士多德提出的一个哲学观点衍化而来:"每个系统中都存在一个最基本命题,它是一个根基或者假设,不能被违背或者删除。"准备建一座大楼,地基就是这座大楼的"第一性原理",有了它才能平地起高楼;准备种一棵树,深埋地下的树根就是这棵树的"第一性原理",虽然在表面看不见它,但它决定了这棵树的生长。

作为第一性原理核心关键的演绎推理,是一种严格的逻辑推理方法。一般符合"大前提""小前提""结论"的三段论模式。关于三段论推理模式,有一个著名的"苏格拉底三段论"推理法:

① 所有人都会死(大前提)。

② 苏格拉底是人(小前提)。

③ 苏格拉底也会死(结论)。

大前提① + 小前提② → 结论③

苏格拉底有个学生叫柏拉图,柏拉图有个学生叫亚里士多德,亚里士多德综合整理出了这个三段论模式。他认为只要大前提①和小前提②是正确的,推理过程也符合正确的逻辑形式和规则,就能推导出正确的结论③。

也就是说,大前提①正确 + 小前提②正确 → 结论③正确。

我们再换个角度来思考。前面是从前提往结论推,现在从结论往前提推：如果要保证结论③正确，那么前提①和②必须也要保证正确。可以这样理解：

结论③正确→大前提①正确 + 小前提②正确。

也就是说，想要保证"苏格拉底也会死"的结论是正确的，那就要先保证"所有人都会死"和"苏格拉底是人"这两个前提必须是正确的。如果所有人不一定都会死，或者苏格拉底可能是外星人，那么"苏格拉底也会死"的结论就不一定成立。

可这里就有新的问题了，我们在倒着往前推的时候，原本的前提①和②，变成了需要被证明正确的结论。由于此时前提条件①和②成为结论了，要保证它们的正确性，就又需要找出它们的正确前提。可是要保证①和②的前提也是正确的，就需要继续往前推，继续往前找正确的前提，这仿佛陷入了一场无限循环。如图1-1所示。

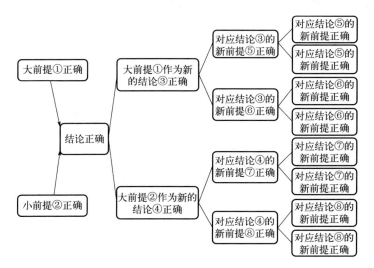

图1-1 三段论中结论与前提之间的循环关系

如果按照上述方法持续推演的话，便会陷入无限循环。针对这个情况，亚里士多德用一个方法对这场无限延伸的推演做了终结："循环中，应该有一个点是不证自明的、正确的，它可以保证之后的三段论推导也是正确的，而且这个点不需要用更高阶的三段论推导。这个不证自明的前提，就是第一性原理。"

比如：

① "所有人都会死"是正确的。

② "苏格拉底是人"是正确的。

这两点都是不证自明的，是共识，不需要再去推理和验证，那这里的①和②就属于第一性原理。有人做了补充解释：第一性原理是从头计算，不需要任何实验参数，只需要一些基本的物理常识就可以得到的原理。

如果前面的原理解释读起来比较枯燥，那就让我们一起看看下面的第一性原理与经验参数的对比。

两个参考坐标，两种思维方式

第一性原理是符合逻辑推理的，是从普遍认知中正确的概念或定理中推演而出的；而经验参数必须要有大量的案例或者经验作为前提，然后才能总结归纳出有一定规律性的数据结论。

经验参数的数据结论可以来自第一性原理，但第一性原理的结论并不来自经验参数。怎么区别这两个概念呢？让我们一起回到开头的场景。

场景二中,第①种思路的推演中使用的就是经验参数。如图 1-2 所示。

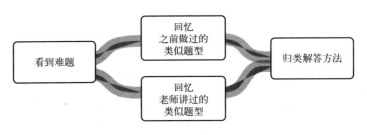

图 1-2 使用经验参数思考

第②种思路的推演中使用的就是第一性原理。如图 1-3 所示。

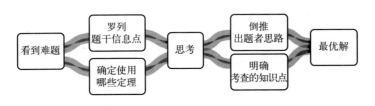

图 1-3 使用第一性原理思考

同学们,你们有没有发现思路①和思路②的区别?

- 思路①从经验中找答案,思路②从原理中推答案;

- 思路①关注之前的，思路②关注眼下的；
- 思路①侧重主观经验，思路②侧重客观推理。

这里思路①和思路②使用了两种不同的思维方式。

思路①使用了经验参数思维法——遇到难题时，不针对这道题目本身推敲答案，而是把之前做过的类似题型的经验在大脑中形成统计数据，用过往经验类比眼下难题，从而求解出答案。用专业术语来解释就是：参数的具体数值只通过实验或者统计得到，没有从基本原理推得。

思路②使用了第一性原理思维法——把关注点重新回归到眼下的题目本身，不完全参考之前做过的类似题型的解题方式，而是梳理这道题目给出的信息和所要考查的知识点，再去求解。用专业术语来解释就是：第一性原理需要从根本去求解，不需要借助实验参数，要回溯事物本质，重新推演。

不是努力不够，而是方法不对

理解清楚了经验参数思维法和第一性原理思维法是什么，我们再来看看这两种思维方式代入到学习中具体是怎么使用的。

从思维方式角度来看，它们其实是两种常用的思维方式：经验参数对应归类法思维；第一性原理对应演绎法思维。归类法是总结类比，演绎法是逻辑推敲。

比如做选择题时，有一个流传很广的猜答案口诀："三长一短选最短，三短一长选最长，两长两短就选 B，同长同短就选 A，长短不一选择 D，参差不齐 C 无敌。"这就是一种归类法思维。为什么说第一性原理是一种演绎法思维，而不是归类法思维呢？从这里就能看出答案。

这个口诀能用在考试中吗？用了这个口诀能考到高分吗？当然不能！将这个口诀作为得到正确答案的前提，本身就不客观也不严谨。

就像我们在前面说过的，不正确的前提，推不出正确的结论。所以才说经验参数使用的是归类法思维方式，是对之前已经出现过，或大众认知中的内容，通过总结得出的一个规律；而第一性原理使用的是演绎法思维方式，需要有严密的逻辑推演，或者说，它本身就可以作为一个定律参与到这个逻辑推演过程中。

定律和规律，一字之差，意义却差之千里。从表面来看，两者都能得出结论，但是由定律得出的结论，客观性和逻辑性会更强；而由规律得出的结论，主观性更强，经验误差也会大很多。

我们现在继续回到最开头的场景里。

思路①：

● 老师在表扬成绩第一的同学时，提到那位同学每天要学到晚上 12 点才会睡觉；

● 你的前桌考试成绩排在班级第二，他对你说他晚上也是经常晚睡；

- 从这两个同学成绩好的表面原因中,你总结出一个结论——学习成绩好的同学,每天都会学到很晚才睡觉;
- 你把这个结论代入到你自己的学习习惯中,于是,你也开始每天晚睡,不到12点坚决不睡觉。

思路②:

成绩好是表象→表象背后的本质是学习好。从学习好到考出好成绩,离不开几个步骤——"平时学习好→考试时发挥出最佳水平→最终考出好成绩"。

我们再继续拆解,要想平时就学习好,至少需要做到:

- 专注力强,使得学习效率高;
- 行动力强,所以得到的即时反馈(正面反馈和负面反馈都有)也快,可以及时调整行动策略;
- 学习力强,相同的单位时间内,学习效果比别人好,能做到举一反三;
- 内驱力强,所以自律性也高,哪怕没有外界监督也可以全身心地投入学习。

而考试时能发挥出最佳水平,又可以拆解为:

- 答题速度快,可以有更多时间攻克难题或者进行细致检查;
- 答题技巧强,能够合理分配答题时间和答题侧重点,用恰当的应试技巧去应对不同类型的题目;

● 考场心态稳,无论出现何种突发状况或意外状况,都能安心答题,不被影响。

当我们使用思路②的方式来分析考出好成绩的原因时,就会发现晚睡不是成绩好的决定因素,甚至都不是相关因素,它只是从学习好到考出好成绩这个过程中出现的一个环节,甚至可以说是一个完全可以被替代的环节。

由此可见,两种思维方式都可以得出解决方法,但得出的解决方法却大相径庭。

可是在实际学习过程中,无论是出于思维惰性也好,还是出于思维定式也罢,大多数同学还是比较习惯于使用归纳法思维,因此也容易受限于它。总之,归纳法的思维方式相比演绎法思维方式,有着很大的局限性和迷惑性,而这也是提升学习水平的最大绊脚石。

说到这里,有人会觉得,第一性原理不就是用本质思考法追本溯源吗?我们依然先保留这个问题,在之后的内容中再举例分析做出解答。

二、成就卓越:第一性原理的现实成就

"钢铁侠原型"马斯克的商业之路

1971年6月28日,埃隆·马斯克出生于南非,自此,开启

了他传奇的一生。

10岁时，他买了人生第一台电脑并自学了高难度编程。在12岁时，他用已经掌握的编程技术设计出了一个名叫"Blastar"的太空游戏软件，之后通过售卖这款游戏赚到了他人生的第一桶金。到24岁时，埃隆·马斯克又去斯坦福大学攻读材料科学和应用物理博士学位。可让人大跌眼镜的是，入学才两天，马斯克就因为想要开始创业而离开了这所无数人梦寐以求的学校。

28岁时，首次创业的公司被收购，马斯克挣到了2200万美元。31岁时，售卖了自己创办的"美国版支付宝"——PayPal，马斯克作为最大股东，获利1.8亿美元。创业后的两次成功让马斯克一跃成为"硅谷创业明星"。

完成了财富积累，马斯克想要开始圆自己儿时的梦想，他把目光从赚钱中抽离，投向了更宏大的关于人类命运的事业。2002年，他创立了太空探索技术公司SpaceX和特斯拉汽车公司。之后更是涉猎多重领域：超级隧道、太阳能、无人汽车、航天技术、火星移民……

那么他为什么能拥有如此多令人瞩目的成就？他在每一次创业时能够常胜的思维方式又是什么？

在一次TED采访中，马斯克将自己的诸多成就、层出不穷的颠覆性创新行为，都归于一个思维模式"First principle thinking"，也就是我们本书所说的"第一性原理"。

传奇背后的唯一奥秘

第一性原理作为埃隆·马斯克最推崇的思维方式,他自身实践第一性原理的方式也很有趣。创业做新能源车特斯拉时,他遇到了一个大难题——电池成本太高。

电池成本太高,电动车的售价就要提高,车的费用高了,很多人就不会买了。怎么办呢?和电池厂家去谈价格吗?换用便宜电池吗?马斯克的答案又会是什么呢?

和很多人不同的是,马斯克没有在如何通过和电池供应商谈判压低电池价格上浪费时间。相反,在面对问题时,他使用第一性原理回归到电池本身,并且提出了一个本质问题:电池的硬成本是什么?果然,思考方式一转变,问题就有了转机。从固定的金属到形成一块可以使用在新能源车里的电池,这其中有着一条完整的产业链。既然电池的硬成本是铁、镍、铝等这些金属,而它们的成本又是固定的,没有办法去压缩,那就只能在剩下的成本里找优化空间。

- 如果是因为在美国生产税费太高,那就换生产税费低的国家生产;
- 如果是某个技术路线的问题,那就等它大规模普及后再缩减开支;
- 如果是模块设计的问题,那就改变模块设计。

这里可以看出马斯克使用第一性原理思维方式的优势:电池成本太高是他面对的问题,他思考的却是电池的本质是什么。不局限于问题的解决方式,从问题中抽离出来,站在一个更宏观的角度去分析问题，最后反而从根源上解决了问题。

再来看另一个故事，马斯克在另一个创业项目中，也使用了同样的思维方式。

马斯克在创办 SpaceX 时，当时的美国航天界，几乎所有人都不认为有小公司可以完成造火箭、发卫星的工程，因为无论哪一个项目，所需要的高昂的运营成本，都不是一家普通公司能够承担的。换句话说，不是超级大公司根本做不了这件事。

可当时，美国军方、科研机构又希望能低成本、快速地发射小型卫星。马斯克抓住这个机会，依然使用了第一性原理思维来解决这个问题。

他的思维方式是先使用第一性原理找到原点，再从原点出发逐层推演解决问题。比如马斯克在关于"如何提高人类生存的确定性"问题上，原点是人类的生存，那向上推演出的解决思路就有两条：

① 人类是否有在其他星球上生存的能力；

② 提高人类在地球上生存的确定性。

继续向上推演：

① 的解决方式→推动火星移民计划；

② 的解决方式→摆脱人类对地球非可持续资源的依赖，转用太阳能。

所以现在就很清晰了，思考问题时回到根本，时时纠偏，不让经验成为思维方式的负担，才是第一性原理思维的基本逻辑。

其实前面说了这么多，我们把第一性原理简单理一下，无非就是透过表象，不受干扰，找到本质。道理简单，实践起来可不容易。就像我们的课本，我们每个字都认识，每句话都会读，可要学好考出高分，就没那么容易了。不过也不用担心，之后我们会一起学习如何更好地去实践第一性原理。

三、探究真相：为什么不用追本溯源法

"釜底抽薪"和"扬汤止沸"

上一节我们曾留下一个问题："第一性原理"是不是就是"追本溯源法"？

比如写作业拖延，用追本溯源法"刨根问底"下去，就会发现无法快速进入写作业时的专注状态是其中的原因之一；而使用第一性原理思考、分析，写作业时专注力不够也是其中的原因之一。这样来看，使用两种思维方式推断出的答案差不多，好像还真没什么不同。

追本溯源法→探究根本

第一性原理→探究根本

可我们再仔细想一想，这两者的思考方式真的一样吗？

我们先来看一个场景：晚上回家后做家庭作业，你准备先从数学作业开始。于是，你摊开练习册，找了会儿笔，瞅了瞅书桌，发了会儿呆，想了下放学路上和同学聊过的天。抬头一看，突然

发现时间已经过去了半个多小时。你一边懊悔自己太过拖延，白白浪费了好多时间，一边在心底暗暗叫苦，看来今天又不能早点结束了。这样的状态持续了几次后，你又和你之前很多次写作业一样，早早就开始写，可最后还是熬到深夜才写完。

那么我们现在分别用追本溯源思维和第一性原理思维两种方式来推导前面这个问题的解决方法：

1. 追本溯源思维

- 第一步，明确表面问题——写作业拖延。
- 第二步，从问题出发，寻找问题背后的原因。
- 第三步，根据主观判断或以往经验得出，这次写作业拖延，是因为没有尽快进入写作业的专注状态。
- 第四步，找出做作业拖延这个问题对应的解决方法。

2. 第一性原理思维

- 第一步，明确表面问题——写作业拖延。
- 第二步，回到原点——你写作业。
- 第三步，从客观角度分析，列出高效完成作业需要的几个条件：自我内部原因，需要前期准备充足（比如对知识的消化程度要高）；需要有可以达到专注状态的环境；需要形成科学的写作业习惯等。
- 第四步，从这些分支路径中找出内部原因和外部原因，并分析哪一些解决方式需要优化。
- 第五步，综合可优化的点，设计出一套适合自己，并且可以快速、高效完成作业的最佳方法。

看完这两种思维过程，你应该就可以明白这两种思维方式的不同了。追本溯源思维是从问题出发，解决的是眼前能看到的问题；而第一性原理思维则是从原点出发，从原点衍生出的各个路径中找出可以改进的地方，再综合整理出一套最佳解决方案。

一道题做错，如果只分析问题，你眼中看到的就只有这一个问题；如果找出问题背后的本质，那么你就能明白你具体在哪个学习模块中出现了问题。当你下次、下下次遇到同一个问题，或者相关知识考查点的时候，就能避免发生同样的错误。甚至，你还可以在这个错误中举一反三，把这个知识点的不同考查方法也分析总结一遍。

表面看第一性原理的步骤更多、更烦琐，但其实更像"釜底抽薪"；追本溯源步骤较少，相对问题的根源来说，更像"扬汤止沸"。那么同学们，你觉得哪种思维方式应用到你日常的学习中，对你的学习提升会更有帮助呢？

从校园里的树，到你的英语成绩

案例一

我的一个学生，平时看着学习很努力，但考试成绩却一直不是很好。为了找出问题到底出在哪儿，我仔细观察了他的整个做题过程。

果然，这一观察就找出问题所在了。虽然他平时学习看起来确实很认真，是真的踏踏实实在用心学，而且作业完成得也很积极，从不拖沓，但学习成绩却一直上不去。在仔细观察这个学生后，我发现：

● 试卷题干中标注的 A 的数值，他代入计算的时候会疏忽，写成 B 的数值；

● 题目在问 Ａ Ｂ 线段的距离，他会求成 Ｂ Ｃ 线段的距离；

● 题目中给出的信息足够，只需要根据已知条件求解答案就行，结果他又把题目看错，没有注意到题目中已经给出的一个已知条件，反而在试卷上浪费了大量篇幅去求这个已知条件。

这么看，他目前存在的问题，好像都是马虎的问题，那么下次考试时再仔细一点，争取不马虎，是不是就可以解决这个问题了？

回答这个问题前，我们先来回答另外两个问题。

① 从小到大的每一次考试中，你有没有因为马虎丢过分？

② 在发现这个问题后，你的马虎问题有没有被彻底解决？

估计大部分同学第一个问题的答案都是"有"，第二个问题的答案都是"没有"。这就像我们经常听到有的同学说："我要是不马虎，这次肯定能考到前几名。"可是，这些真的是马虎的问题吗？

把试卷中的错误简单归类为马虎导致的问题，再从马虎这个表象问题入手，找到下次答题要仔细的解决方法，是在用追本溯源思维寻找解决方法。

而把试卷考查的知识点作为原点，从原点出发，比如对基础知识的掌握、平时做题的习惯、应试技巧、应试心态等各个角度进行思考，综合分析出自己成绩不好的根本原因，并找到解决方法（后文我们会详细拆解马虎问题，从根源上帮助同学们解决），这是在用第一性原理思维解决问题。

追本溯源容易被当下的问题表象所迷惑，而回到第一性原理，则可能发现表象问题背后潜藏的其他问题。这才是追本溯源思维和第一性原理思维的本质区别。

案例二

校园操场里有棵树，最近经常往下掉虫子。通过观察发现是某类虫子太多，进而找到相对应的方法除虫害，这是在用追本溯源思维解决虫害问题。

把树当作原点，从树的生长规律、现在的季节气候、环境所能提供的营养、光照等各个分支路径分别分析，推理出生虫子只是其中的一个环节出现了问题，顺便找出避免明年继续发生虫害的方法，这是第一性原理思维。

案例三

你的英语成绩不太好，分析试卷后发现是因为单词量不足，于是你开始增加背单词的时间，这是在用追本溯源法解决表面存在的问题；但如果从你学习英语本身的需求出发，找到学习英语的几个更科学的方法，提升单词量的同时还解决了其他问题，这是在用第一性原理思维从更深层次解决你的英语学习问题。

追本溯源法是单项填空题，第一性原理法是综合分析题。第一性原理法可以包含追本溯源法，但追本溯源法不能包含第一性原理法。

解决问题要回到本质。

追本溯源法局限于一个解决方案，第一性原理能跳出思维框架，从最初的原点去找寻更多的解决思路。

一个解决问题，一个满足需求。问题只是表面现象，层出不穷，一直存在，但原理是不变的，从原理出发，能从更多路径的解决方案中找出最优解，这才是第一性原理思维相对其他思维方式的最大优势。

四、认知破圈：学习的三大误区

前面三节我们一起了解了什么是第一性原理，接下来我们继续来看为什么要在学习中使用第一性原理。首先来看一下在学习中很多同学都会遇到的一些误区。

误区一：弱化自我

一学都会，一做题全废

同学们，你是否曾遇到过以下状况：

● 遇见一道不会做的题，你向学霸请教。在学霸精妙的解题思路下，三下五除二的功夫，你就搞清楚了这道题的解法。但当时解决了问题，不代表这个问题已经被你消化，下次再遇到类似题型的时候，你可能会发现自己还是不会做。

● 老师在讲课的时候，你听得非常认真，每次你都感觉听懂了。但课后做作业的时候，却发现还是有很多不会做的题。学霸一小时就轻松写完的作业，你两个小时了才进行到一半。

● 试卷发下来，看着做错的题目，你不明白自己错在哪儿了，直到老师讲完答案，你才恍然大悟。

● 平时做题，翻开参考答案感觉所有题都不过如此，可一合上参考答案，照样还是想不到解题方法。

如果你也曾出现过以上状况中的某一种或某几种，那么，你觉得是哪里出现了问题？是平时学得不够认真，还是上课听得不够专注，或者只是答题不够仔细？如果还没有确切答案，那么我们继续往下看。

被牵着鼻子走的大象

现在我们再回到上一小节你可能会遇到的那些状况：

学霸讲完题后，你真的弄明白了这道题吗？

你有没有仔细思考过一个问题：你听明白了的，到底是学霸讲给你的他的解题思路；还是你基于自己的思路，真正理解了这道题？

这句话看起来有点绕，其实道理很简单。学霸在讲题的时候，讲的是他的解题思路，这个解法思路是基于他的认知体系得出的。

同样是一道力学题，原本只需要用传统方法来解题，学霸用了一种新思路来解，通过他的讲述，表面看起来是打开了你的思路，但这种新方法不一定适合你。因为你和学霸的学习基础水平本身就不一样，不同的基础，就有不同的理解层次。即使眼下懂了，也只是听懂了他的讲解，但这个问题背后涉及的知识点和解题方法使用的逻辑技巧，你可能依旧还是一知半解。

就好比一道关于动量守恒定律的题，学霸用简单清晰的方式做出了这道题，但可能你连动量守恒定律是什么，它是结合哪个定理推导出来的都不太清楚。而对这些基础知识掌握得不牢固，才是你做不出这道题的根本原因。如果只是跟着学霸的思路走，你就成了"被牵着鼻子走的大象"，没有自己的思考，不知道自己的根本问题出在哪里。

做不出来的题，一翻看参考答案就会了；考试做错的题，老师一讲就明白了，都是同样的道理。不是你真正懂了这个知识点和错误点，而是参考答案和老师把答案放在了你的面前。从答案去看题目，是在进行逆向验证。带着答案看问题，问题自然变得简单了。

所以说，当下明白了，不代表真正掌握了。

听课时的角色角度

老师在课堂上讲课，你和学霸都听懂了，但是在课后写作业的时候，学霸用了1小时，你2小时了还没做完一半。不是你课上听得不够仔细，也不是你写作业不认真，而是你和学霸的角色角度不一样。

分配在你和学霸身上的课上时间，同样都是45分钟，你的45分钟全部用于吸收新知识，学霸的45分钟，有可能只是在对之前预习中出现的问题查漏补缺，也有可能是在把这堂课的知识点和他原有的知识体系做链接。

同样一个知识点，你才开始做笔记，脑中还一片模糊，学霸有可能已经复盘了好几遍。

同样的一节课，你和学霸的基础不同，落实到课后作业的完成上当然也不同。你下课后还没来得及消化课堂知识就开始写作业，一边写，一边还要去翻笔记。可学霸可能已经将所有知识点掌握完毕，并开始了第二轮复盘，这个时候的他们，写作业不过是继课堂听讲之后，又一次对知识点的查漏补缺。

前期起点有高低，后期方法也不同，这才是普通学生和学霸之间的真正差距。

学习的本质是自学

认真学了，也可能还是学不好。既然怎么努力都和学霸有差距，那是不是可以彻底放弃了？当然不是。前面的内容是为了让我们明白，学习要讲究方法，但最重要的是，学习的思路、逻辑要对，一味追求别人的方法，一味把所有专注点都用在努力上，最终的结果可能反而并不好。

通过学，去习得知识的过程，称为学习。那问题来了，是谁在学？老师、学霸同学、参考答案，还是你自己？答案不言而喻。

在这里我们必须要明确以下最核心的前提。

- 学习的主体是你自己。

学习是以你为主体发生的事，任何学习环节，都是需要你去主动完成的。一个知识点从输入到输出，你的主动性占了主导地位。

- 学习的目标是"建立自学系统"。

当学习的主体是你自己时，老师、学霸同学、参考答案，就只是你学习过程中的辅助环节。老师作为教学的引导者，能够帮你更快速地吸收新的知识；学霸同学是在你课后遇到不懂的内容时，偶尔可以帮你答疑解惑的人；参考答案作为一套检验标准，可以验证你是否把知识点消化得足够好。学习过程中你的重要性大于所有的辅助，如果弱化自我的重要性，逻辑就完全乱了。

误区二：学习系统碎片化

学习是一个复杂的过程

学习是一个复杂的过程。你是学习的主体，学习系统也应该是以你为原点构建的。

我们根据学习的几个关键环节，把学习系统按照横、纵轴来梳理一下：

- 纵为时间轴：前期预习阶段、中期学习阶段、后期复盘阶段。
- 横为能力轴：学习力、专注力、内驱力、行动力、应试力。

根据横、纵轴来看，学习基础能力越强，每个阶段的学习效果也就越好。除去个别天才，对于大多数学生而言，学习效果和成绩都会受到这几个因素的影响。预习不足，听课效果就有可能会打折扣；专注力不强，预习和学习效果也会不好。

如果再细分，纵轴中的前期预习阶段，不仅包括预习下节课的课本内容，还可以包括你的日常输入，在预习过程中发现新知识点时需要查阅的资料……

所以说，学习不是一件"头痛医头，脚痛医脚"的事，而是要从整个系统中逐层剖析，找出具体的问题在哪儿，然后再找出相对应的解决方法，是一套有自洽逻辑的推演。

就像前面所说的，考试做错的题，老师讲完后你当时明白了，可是过段时间再出现这个问题时，你还是有可能会做错。原因不在于老师讲得是否清晰，你听得是否仔细，真正的原因是你没有回归这道题的本质，找到这道题目犯错的根本所在。

找到可以优化的环节

前面根据横、纵轴把影响学习结果的关键点做了划分，时间轴包含的前期预习阶段、中期学习阶段、后期复盘阶段，不仅可以针对每一节课，还可以放大到每一学期的学习、每一门学科的学习中，也可以简化为三个阶段：输入—内化—验证。

课堂讲解是学习中的一个环节。在这个环节之外，需要你课前做好预习，课后做好复盘。课堂听讲是解决你预习中发现的不懂的问题，做好课堂听讲也是为了方便你在复盘时更有针对性地去巩固学习过的知识点。比如预习时，你可能搞错了知识结构，在听完课后，你可以进行重新归纳，找出导致自己出现错误的原因；这样在复盘的时候，清楚了自己知识的薄弱点，就可以着重加强。

学习中出现的所有问题，不能只局限于问题表面，或者只把精力放在解决这一个问题上。而是要抛开表面问题，从学习的本质出发，找出自己在哪一个环节还可以继续优化。

误区三：过度依赖外界因素

先来看两个学生的例子：

● 第一个学生，跟着班里成绩很好的几个同学买了一堆一模一样的课外习题册，每天都在用题海战术进行课后练习；

● 另一个学生，同样也找学霸们要了份书单，但是他没有直接照着买，而是根据自己的基础情况和薄弱项，选了些针对性更强的练习册。

这两个学生，你觉得经过同样一段时间的练习后，谁的学习成绩会提升得更快？

对于学生而言，最宝贵的是什么？是时间！距离考试你还剩10个月，学霸也还剩10个月。同样的时间内，普通学生想要逆袭，就要做到单位时间内学习效率最大化。

而学习是一件讲究方法的事。我们在前面说了，学习的主体是你，那么学习方法也应该是围绕你而建立的。你所要学习的新的知识点，都是要通过适合你的学习方法填充进你原有的知识体系。抓住这个关键，你的时间利用率才会变高。

一本课外书,之前已经看过了前半部分,那就不需要再从头细细阅读;一套试卷,非常熟悉的知识点,就不需要再浪费时间多做一遍。适合别人做的题,不一定适合你;适合别人的学习方法,你用起来不一定有效果。再比如,课后复习时,有些内容并不适合你再重复学,但有些内容却需要你继续深耕。

总之,高效地利用时间,不做无用功,才叫作高效学习。

用学习的第一性原理,构建你的自学系统

方法在精不在多,更在于能使用到位。能掌握一种核心的思维方式,并且把它落实到位,使用得炉火纯青,才能真正帮助我们在学习上取得进步。

本书在最开始讲过什么是第一性原理,即"拨开表象找到不证自明的原点,再从根本往上推找出最佳解决方法"。

这里,我们把在学习中如何使用第一性原理思维做如下定义:

- 不受外部因素影响,回到学习的本质,在学习的各阶段和学习的能力方面,找出需要优化的地方,整理出一套适合自己的高效学习方法。
- 学习的本质是自学,是从输入到输出的过程,需要最终构建出一套适合自己的自学系统。

从本质到目的,解决的路径可以做个划分,它包含学习的时间阶段（前期预习阶段、中期学习阶段、后期复盘阶段）和学习的能力（学习力、专注力、行动力、内驱力、应试力）。如图1-4所示。

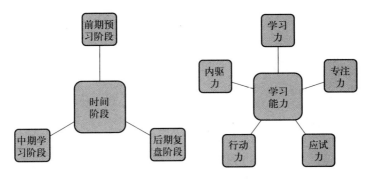

图1-4　自学系统的构建

这些路径构成了一个庞大的学习系统，我们要从这里去找出可以优化的每一个细节，再综合整理出一套最适合自己的高效学习方法。这套学习方法不完全依赖于外界，而是以你为主体，并且随着你的学习水平的提升不断修正迭代。

这才是第一性原理运用在学习中的真正要义所在。

我们控制不了外界因素，如不同老师的教学水平有高低之分，老师的教学方法有差异，每一年的试卷有难易变化。但是，我们可以控制自己，当你找到适合自己的高效学习法时，所有的外界条件都是围绕着这套系统在运转。外界条件是一直在变化的、不可控的，问题也是层出不穷的。但只要不断修正、迭代这套适合自己的高效学习系统，对于你的学习而言，就一定能带来质的突破。

五、思维误区：第一性原理学习法的局限性

为什么你比爱因斯坦的物理成绩差？

前面我们一直在说第一性原理思维的优势，但任何事物都没有绝对性，有优势必然有劣势，只有明确它的优劣势，才能真正做到自如使用第一性原理思维。

我们目前学习的各种原理、定理，更多的是科学家根据已知的各种现象归纳出来的。所以从科学的角度来说，这本身就是使用了归纳法。也就是说，我们认为的不证自明的第一性原理，并非真正意义上的第一性原理，它本身就是等待被推翻的第一性原理。

前面我们一直在讨论逻辑上正确的事，这一节我们来说一些逻辑不确定是否正确的事。

同学们可以先闭上眼睛，思考三个问题：

- 人真的都会死吗？苏格拉底一定是人类吗？
- 火星一定是适宜人类未来居住的星球吗？地球真的会毁灭吗？
- 你在提升某一科学习成绩的时候觉得很难，真的是你的学习能力出现了问题吗？

思考完这些问题，你是不是也发现了：人都会死，苏格拉底是人，火星可能在未来适宜人类居住，地球未来可能会毁灭，提升学习成绩就需要解决学习能力的问题。但这些都是由归纳法总结出来的。

我们相信苏格拉底是人，这是基于我们的认知做出的归纳。因为看到苏格拉底的外部、内部特征和人类相符，所以推断出这个结论。可是，外部、内部特征与人相符，就一定能推断出苏格拉底是人吗？

读到这里，你可以转头看一下：教室里你的同学，待会要来上课的老师，他们会不会只是具有人的外部特征的智能人、外星人呢？

还有，想要提升学习成绩，先要提升学习能力，这是共识。但是，你和爱因斯坦同时参加物理考试，他有可能考满分，你有可能刚到及格线，你觉得主要原因是学习能力的问题吗？

这就有点绕了，第一性原理需要回到不证自明的原点，但这个不证自明的原点又是基于我们现有的经验，用归纳法总结出来的。这么来看，第一性原理似乎本身就是不科学的。所以，这就导致了我们在把第一性原理作为一个正确的前提时，本身就不是绝对正确的。

那么，最好的解决方法就是对科学保留怀疑精神，但是在实际学习的过程中，不要一直在思维怪圈中纠缠，只需要明确我们学习的短期目的，比如提高学习效率，考出好成绩，进入理想的学校……从学习的本质出发，根据现有目标制订学习计划即可。

1+1>2

我曾经专门观察了班里很多学习能力非常强的学生。一段时间后,发现除了极个别情况外,大多数学习能力强的学生,他们能一直保持高效的学习,他们在学习过程中,都有一套适合自己的、非常完善的学习系统。

他们还会在学习过程中不断修正、迭代这套系统,让自己获得持续成长,这才是他们成为学霸的根本原因。

学习的底层逻辑是相通的,只要打通了底层逻辑,形成了一套自己的学习系统,那么你能学好这一门课程,也就能学好另一门课程,这样才能把学习变成一件 1+1>2 的事。

而有些同学把学习的行为当成学习的任务去做,在假努力中不断自我感动,从而忘记了学习的真正意义。该学的时候没有学到位、学扎实,基础打不好,后期越学越累,最后被课业拖垮。

还有一点也很重要,就是学习的创新能力,它不只是你的好奇心和学习力,而是同样的一道题,你能不能有更好的解题思路;同样的一个知识点,你能不能做到融会贯通,这些能力都决定了你未来的成绩如何。

但是,从脑科学的角度来说,一旦大脑的思维被限定,比如只考虑到一个第一性原理,就很容易出现思维局限。那么有没有好的解决方法呢?有的,只要我们不局限于一个第一性原理,多从几个角度出发,多找几个第一性原理。

比如提高成绩,你不能只在成绩这个大的原点上一直纠缠,你还需要考虑到平时成绩，考虑到你做作业的专注力等。角度越多，综合分析出的答案才能越好。

虽然说第一性原理有局限性，但就目前而言，它可以说是大部分学习方法的基础。因为无论哪种学习方法，都是在优化学习过程中的某个分支路径。唯有使用第一性原理回到学习的本质，从本质出发，才能从更广的角度优化学习机制，从根源上解决学习问题，找出适合你自己的高效学习法。在下一章，我们将一起详细了解下，怎么把第一性原理应用在学习的各个环节，给学习效率带来质的提升。

第二章

提升

如何把第一性原理运用在学习中

> 本章将使用第一性原理,从学习的时间阶段这一分支路径来讲述如何解决在学习的各个阶段遇到的问题。

一、认知藩篱：从根源找出学习问题

关于学霸的三个问题

开头先问大家三个问题：

- 在你心中，你们班里当得起"学霸"这个称号的有哪些同学？
- 你平时会经常向他们请教学习方面的问题吗？
- 在你的内心深处，你认为他们之所以成为学霸，最根本的原因是什么？

当老师多年，见过的学生越多，越发现一个有趣的现象：一个班级里，学霸通常有两个高光时刻，发有分数的试卷时和考试前。发试卷时，学霸的成绩在大多数情况下都能高出众人一大截，从而赢得很多同学羡慕的目光。而考试前，有些想临时抱佛脚的学生，会开始想尽办法借阅、复印学霸的笔记。还有些学生，虽然复印了学霸的笔记，奈何平时基本功太弱，依然看不出所以然，只能把临时抱佛脚的对象，从学霸的笔记转为学霸本人，希望在考场上，这些学习中的"王者"在答完题后，能带一带他们这些"青铜"。

还有一个特别有趣的现象，就是学霸只在这两个时刻异常受欢迎，平时大都无人问津。最开始，我也很纳闷，在问了一圈原因后，才知道答案：

- 学霸们的学习基础扎实，对内容的理解也深刻，所以讲题时用到的讲解方式有时让人听不太懂。
- 听学霸们讲题的时候，总觉得自己像个"文盲"，容易打击自信心。
- 不敢向学霸们请教，觉得他们的时间寸时寸金，怕打扰到他们。

还有一些学生在谈到学霸时，会有些不屑，他们会忽视学霸们的努力和学习方法，认为学霸们之所以成绩优异，完全是因为天赋的加持，和努力无关，他们自然也学不来。如果说前面的三类答案还能理解，那最后这类学生的答案就着实让人头疼了。

学生时代，考查的大部分知识基本都是以基础知识为依托，并不特别需要你有超乎常人的思维和天赋。相信很多老师都说过这样一句话："你只要把书本中70%最基础的内容背会、学透，你的成绩就可以超过至少80%的人了。"

其实，同样的内容、同样的老师、同样的时间，一些同学之所以能成为人人羡慕的学霸，更多的是因为他们先夯实了这70%的基础知识，才朝着剩下的30%去发力。就像上一章我们一直强调的，每个学霸都有一套适合自己的学习系统，他们在这个系统内不断复盘、迭代，让这套完善的学习系统帮助他们持续获得学习的复利。

宋少卫老师在《学习治疗手记》中也写道："深层的学习机制是有系统性的。忽视系统性，只会越学越没有效率。"不要简单把学霸的优秀归类为天赋，你真正要做的是：参照他们的学习系统，建立、修正、迭代自己的学习系统，这才是决定你能否也成为学霸的终极条件。

用第一性原理思维，解一道物理题

你面前有一道物理选择题，这道题的题型你之前没有见过，可是你又想试着解解看，这个时候，你会怎么做呢？

- 托着腮，皱着眉冥思苦想，慢慢想，或者猜一个答案填上。
- 放弃，要么抄参考答案，要么等老师讲解。
- 按解题步骤一点点推导。

这三种方法你觉得哪种会使你的学习成绩提升更快呢？

遇到难题不可怕，被难题吓倒才可怕。

从第一性原理思维来看，任何事物都有它的原点。难题的原点是题目中给出的信息。根据题干信息解题的过程，是从第一性原理出发向上推导的过程。所以遇到难题，无非按照以下4个步骤去做：

- 回到原点——从题目中明确已知信息，理解题目让你求解的信息；
- 拆分路径——找相关的公式、定律、定理，初步思考解题方向；

- 用最优解——用最适合的思路进行推导，找出解题方法；
- 总结复盘——检查解题过程是否出现错误，有哪些地方还可以优化。

用第一性原理思维，溯源 8 个学习根源问题

一道物理题的解题思路可以使用第一性原理思维，那构建适合自己的学习系统是不是也可以使用第一性原理思维？答案当然是肯定的。第一步，先回到原点——找出学习进度受阻的 8 个根源问题，对照看看你的学习问题根源主要是哪些。

1. 学习兴趣低

- 觉得学习是件很累的事，怎么都提不起兴趣；
- 只要到了学习时间，就想各种办法拖延逃避，不想打开作业本，不想提笔写第一个字；
- 手机一拿起就不想放下，沉迷于游戏，或者沉迷于玩耍，上课不认真听课，课后拖拉不爱写作业；
- 学习热情低，导致学习效率低，越学越不爱学。

2. 把学习视为需要被动完成的任务

- 消极抵抗老师、家长的指引，不愿意听他们的意见；
- 上课不举手、不发言，人在课堂上，心在教室外；

- 父母说什么就做什么，不说不动，说一下动一下；
- 把学习当成给老师、给父母完成的任务，不认为学习是自己的事。

3. 长期以来没有形成良好的学习习惯

- 课前不预习，上课跟不上老师思路；
- 课后不复习，无法及时掌握自己的学习进度；
- 写作业磨蹭，做题马虎，检查作业时丢三落四。

4. 上课听讲时注意力易分散

- 听课时不认真，课后作业不会做；
- 上课听讲经常走神，课后写作业也无法专心；
- 写一半，错一半，别人一小时写完的作业，你拖拖拉拉写到半夜。

5. 学习能力不强

- 老师讲的总是听不懂；
- 老师问的问题永远答非所问；
- 感觉知识都学过，用的时候却不会；
- 看答案都会，一做题就蒙。

6. 出现记忆问题

- 需要背诵的内容总是记不住；

- 老师讲过很多遍的题型，考试时还是会忘记；
- 做作业、考试时总是想不起需要用到的公式、单词；
- 同样背东西，别人背得快、用得好，自己背得慢，还用不好。

7. 学习方法出现问题

- 每天在学习上花费得时间很多，考试成绩就是上不去；
- 每天计划做得比谁都仔细，执行起来却永远不落地；
- 学习方法不对，听课效果不好，课后不会总结，做题常常出错。

8. 学习心态出现问题

- 喜欢待在舒适区，来来回回背、看、做已经掌握的知识点；
- 看到难题就想逃避，不愿意迎接学习中的挑战；
- 每学期开始时斗志昂扬，不到一个月就开始垂头丧气；
- 听不进父母的建议，受不得老师的批评，看不得同学的优秀；
- 不想静下心沉淀积累，只想一步登天，一举成名。

用第一性原理思维，归类 3 个学习场景

表面问题再多，也是背后的学习系统和学习机制出现了问题。我们继续使用第一性原理思维，透过现象看本质。当你从这 8 个学习根源问题的原点共性出发，就可以把 8 个分散的学习根源问

题，大致归类为三大方面的学习问题：

- 学习动机
- 学习能力
- 学习方法

学习动机问题 = ①学习兴趣低 + ②主动学习的意愿不强

学习能力问题 = ⑤学习力弱 + ⑥记忆力弱 + ⑦学习方法出现问题

学习方法问题 = ③没有形成良好的学习习惯 + ④上课注意力易分散 + ⑧学习心态出现问题

把学习的根源问题拆分清楚了，接下来，我们再从这些问题的分支路径出发，找出每个分支路径的最优解。我们先按照具体的学习场景找出这三个大类的提升场景：

- 课前：学习动机、学习方法
- 课中：学习能力、学习方法
- 课后：学习动机、学习能力、学习方法

把具体的学习问题归类到具体的学习场景后，问题解决起来就会更直观，也更利于实践执行：

- 课前提升方式主要在于预习；
- 课中提升方式主要在于课堂听课；
- 课后提升方式主要在于课后复习。

当我们使用第一性原理思维把原本杂乱的学习问题推理清楚后，在后面的几节中我们再一起来看看，怎么能更好地落实每一个环节，通过课前预习、课堂听课、课后复习全面完善自己的学习系统。

二、认知组块：预习的 7 块砝码

俗话说："不打无准备之仗。"学习也犹如战争，想要赢得最终的胜利，提前做好准备，可以增加胜算的砝码。

预习不能局限于每节课上课前所做的预习，还有每门课、每学期开始前，每章，甚至每一小节内容开始前，每一篇文章开始前，都需要做好预习。在预习时使用第一性原理思维，就能做到心中有数。只有做到心中有数，才能在学习具体内容时更快速地发现问题，进而更深入地掌握每一项学习内容。

在后面的内容中，我们会把预习环节的每一个要点，当作打赢学习这场仗时需要添加的砝码来讲解，同学们可以对照参考。

砝码一：见缝插针——安排预习时间

高中的课业安排非常紧，那时的我经常会忘记预习。课前预习不足，上课时需要消化知识的时间就会增多，课后消化课堂上学习的内容的时间也会增多。带来的连锁反应是留给下一节课的预习时间会减少，这就直接导致了恶性循环——越不预习，就越没时间预习。

但当时，我发现我们班的一个学霸却很不一样，他的成绩基本保持在全级第一，我发现他对时间的掌控感特别好。每次我还在着急忙慌发愁挤不出时间学习时，他看起来永远都是不慌不忙，就好像时间在他那里按了暂停键，在我们这里按了加速键。

后来我就开始观察，慢慢地发现了他在做预习时的时间管理方法，这个方法和我的完全不一样。我每次都把预习当成一件特别有仪式感的事在进行，时间、地点、心态都要达到最佳状态，才会去做预习这件事，有时候稍有一个条件不符合，就会开始各种拖延。因为我忘记了一个非常重要的点：预习不是提前学习。

如果用第一性原理思维去思考预习的本质，回归预习的本质目的，可以看到，预习的最终作用是给听课做好铺垫，提高课堂听课的质量。所以在整个预习的过程中是不需要去浪费过多的时间和精力的。

就像我的那位同学，他安排预习的时间可谓是见缝插针，我总结了一下，基本集中在这几个时间点：

- 做完当天的作业后，用课外的零散时间预习；
- 有时候时间紧张了，还会在课前临时预习。

总之，预习时牢牢记住第一性原理，把预习作为课堂学习的辅助，哪怕只花几分钟时间，也比完全不做预习好。

砝码二：分门别类——规划预习时间

很多人一提到预习，下意识地就会想到课前预习，但其实预习也有它的阶段性分类：

- 学期预习
- 阶段预习
- 课前预习

学期预习耗时最长，是指在一个学期开始前，对下一个学期的学习内容进行大致的了解和梳理；阶段预习耗时中等，是在学期内把学期任务以章为单位，或者以关联性较强的几章为一个单位来分阶段预习；课前预习耗时最少，只针对下一节课要学习的内容进行预习。

明确了这些，那么我们在实际预习的过程中，就可以分门别类，根据预习内容的具体情况去合理安排预习时间。

砝码三：宁缺毋滥——预习内容抓大不抓小

同学们有没有发现，有时候你不喜欢预习，并非是不了解预习的重要性，或者是不会预习，而是觉得预习这件事给你造成了负担，让你有不堪重负的感觉。比如有些同学，在做预习时总想把每一个知识点都搞清楚、理明白，不会给自己留问题，也分不清预习的主次，耗费了大量时间、精力去做预习，本末倒置，最后对预习这件事产生了严重的逆反心理。

预习得快、预习得全，不一定预习效果就好。

我们应该知道：这就像我们老师们常说的"三年级效应"，一些学生在一、二年级学得特别好，一上三年级就掉队。就是因为前期学得太快太猛,导致上了三年级跟不上节奏。一开始发力太猛,常常会出现后继无力。学习就像打仗,容易"一鼓作气,再而衰,三而竭",预习就是在为提前排兵布阵做准备,保留点新鲜感,才能有好奇心去学新知识。

所以说,预习这件事,不建议一上来就铺一大摊子,也不需要特别全面。还记得我们在前面学习过的预习的第一性原理吗?预习的本质是为了给课堂学习做辅助。所以应该这样预习:

- 时间充裕的情况下,可以适当深入预习;
- 时间紧张的情况下,查找清楚新内容的概念,列出上课时需要解决的问题就可以了。

砝码四:有的放矢——抓不同学科的重点

根据学科做预习安排时,我们也需要使用第一性原理思维。

- 理科学习的第一性原理,是定律、定理,推导出的公式;
- 文科学习的第一性原理,是字词句文。

再细分的话:

- 数学的第一性原理是逻辑;
- 物理的第一性原理是力学;
- 语文的第一性原理是语言文化;
- 英语的第一性原理是单词……

在针对不同科目的时候，要从相对应科目的第一性原理出发去确定预习的重点，从解决这门学科的基础原点问题的角度去预习，才能事半功倍。

砝码五：一目十行——第一遍只浏览

《高效阅读》中提到，第一遍阅读时只要迅速浏览一下内容，脑海中大致有个印象就好。和阅读书籍一样，我们在预习的时候，第一遍也可以先迅速浏览一遍内容，对新内容做到心中有数，知道以下几个问题就可以：

- 接下来要讲什么内容；
- 哪些内容是你已经熟知的；
- 哪些内容是不太明白的；
- 哪些内容是完全看不懂的。

砝码六：深耕细作——第二遍带着问题读

- 浏览第一遍的速度要快；
- 浏览第二遍的速度要慢。

第一遍是初步了解，第二遍是仔细分解。一边预习，一边思考。我们在前面谈到过，第一遍浏览的时候要把内容划分为"懂了的—不太懂的—完全不懂的"，在第二遍预习的时候，可以根据这几个原则去预习：

- 已经懂了的内容先放过；
- 不太懂的需要再思考；
- 完全不懂的就需要去查阅一些资料。

在这一遍预习的过程中，可以结合查阅资料来阅读。不认识的字、词，查字典、词典，标上拼音和意思；不懂的概念、内容，查阅资料后标注到旁边，标注的同时，还可以先按照自己的理解去做初步的思考。

砝码七：精准对焦——疑点和难点

前面讲过，在第二遍预习的时候，要把难点和疑点找出来，我们可以把它们直接写在笔记本上或者标注在书中。

然后在课堂上带着这些问题去听课，把疑难点当作重点去听。因为之前在预习的时候，你已经思考过这些问题了，那么此时再去认真听老师的讲解，肯定会重新提升你的认知。

不过有两点还是需要注意：

- 有时候即使老师课堂上讲了，你还是没有听懂怎么办？那就抓住时机提问，或者课后找老师沟通。总之，当下的问题当下解决，让每一步都跟上节奏。
- 预习不是过一遍流水账，它是一个独立思考的过程，是一个"找出问题—解决问题"的过程。预习时发现问题，需要你通过独立思考，去梳理、查阅、整理问题；上课时解决问题，依然需要你通过独立思考，去理解、消化老师的讲解思路，并内化进你的知识体系。

到这里关于预习的内容我们就梳理完了，最后要和同学们强调一句话："课前预习的第一性原理，是为课堂学习做准备。"

预习≠学习！不能因为提前预习了，最后反而在正式上课的时候觉得自己都看过了，不好好听讲，那就真的是本末倒置了，也失去了预习的意义，背离了预习的初衷。

三、认知行动：高效听课的 4 个动作

前面讲到预习的时候我们一直在强调，预习是为课堂听讲服务的。预习是找出问题，课堂听讲是解决问题。那么怎么才能做到在课堂听讲时更高效地解决问题呢？我归纳了 4 个动作。

跟——思路

在分析这个问题前，我们仍然可以使用第一性原理思维来思考：听老师讲课，本质上是在听什么？

《师说》中写道："师者，所以传道授业解惑也。"

老师作为知识的传道者，自身对学科内容的掌握程度很高，而且，因为丰富的教学经验，同样的一个知识点，学生看到的可能只有 A 面，老师却可以通过联系这个知识点的 B 面、C 面，把这些知识点链接得更系统，把这个知识点分析得更透彻。

所以说，听课的本质，其实听的是：

- 老师对知识的分析、解读；

- 老师的思路、逻辑。

而且，跟着老师的思路、逻辑走，也是在拓宽你在相关领域的认知，学习更多的应试技巧。这些应试技能都是实际答题中可以应用的，让同学们在面对难题时，增添一些得分的底气。

辨——对比

在听课的过程中，要时刻让自己的思路和老师同步。

因为之前已经预习过了，所以这个时候就可以回看自己之前在预习时的理解，和老师对于同一问题的理解有何共同点或者不同点。

通过对比，找出自己的错误理解，查漏补缺，才能真正从"学会"到"会学"。

思——同步

战国时期，齐宣王喜欢听吹竽合奏。南郭先生不会吹竽，却靠着装模作样混进了队伍，成了一名乐师。因为演奏人数众多，南郭先生很长时间都没有露出破绽。

直到齐宣王的儿子齐湣（mǐn）王继位，他和齐宣王不同，不喜欢听合奏，只喜欢听独奏。南郭先生怕露馅，只能忍痛丢掉这份工作，灰溜溜地逃走了。

这个典故中引申出了成语"滥竽充数"，比喻那些没有真才实学的人混在内行人中间。

在课堂上，我也曾见过很多在"滥竽充数"的学生。同学们也可以回忆下，你的身边是否也有这样的同学：

- 听课时坐得笔直，目光永远直视前方；
- 一旦老师叫他起来回答问题，几乎没有一次能答得上来；
- 别人听课时心思都在老师讲的内容上，他听课时心思都飞到爪哇国去了。

这样的学生，平时看着很努力、很认真，但往往是"假努力""假认真"，一到考试就"现原形"。就像南郭先生，平时还能混在乐队里装着在认真吹竽，可一旦到了单独演奏"试真金"的时候就会露馅。

想要在课堂内做到高效听课，就要争取每一分每一秒，注意力都放在课堂上。

一位高考状元曾说，他在上课时，无论哪个同学和他说话，或者碰他，他都不会理会，因为每节课只有几十分钟，他要把全部注意力集中在有限的课堂时间内。

确实是这样，听课的过程，是我们的大脑在接收老师传输出的听觉信号，把听觉接收到的内容作为反馈，去校验之前大脑中思考理解的知识内容，从而让听觉通道和思考通道形成一个闭环。

记——验证

以前我的老师在上课时，经常会对我们反复说的一句话是："好记性不如烂笔头。"

有一部电视剧，其中有一段剧情演的是一个大家族里，父亲给三个女儿请家教,这位家教在教了三个女学生一段时间后,发现其中最小的一个学生,每次在听课的时候都会做笔记,家教老师一个劲夸这个学生既聪慧又用心。

当时这个电视剧正在热播,很多学生都看过。我就把这个案例搬到了课堂上,讲给我的学生听,并告诉他们记笔记的重要性。没想到效果还不错,很多学生那段时间做笔记的频率都提高了不少,做的笔记也认真仔细了很多,后来有好几位学生的笔记在期末考试前还被其他班的同学借阅复印。

其实,当你使用第一性原理思维回到原点去分析、梳理做笔记的过程,就会发现,做笔记的过程本质上就是在复盘学习内容的过程。

所以在一个班级里,那些成绩不错的学生,他们的笔记也会特别整洁清晰,每次考试前,也是他们的笔记被同学们借阅、传抄得最多的时候。

一节课程只有几十分钟,想要在这短短的几十分钟内,更好地消化老师讲的所有内容,并且在课后能有反复复习的资料,那最好的方式就是拿出笔,放好笔记本,把老师的板书结合自己的理解,整理成条列清晰的笔记。这样做不仅能加深你对课堂知识的消化、吸收,还能在课后给自己留一份可以随时拿来复习的资料。

这里再稍微讲一下关于课后复习的事,希望可以帮助同学们合理安排复习时间。

举个例子,有次自习课,我组织学生们互相分享、探讨自己的学习方法。当时有学生提出了一个特别常见的问题:"我觉得自己记性特别差,每次背完书上的内容,不管背得多扎实,过段时间就忘了。"

同学们,请大家一起思考下,这个学生他真的是记性差吗?或者说,你可以回忆下,你自己是否也有过类似的这种情况,后来又是怎么解决的?

我们先来看一组数据,如图2-1所示。

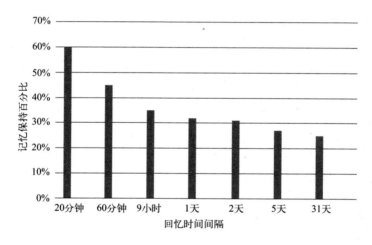

图2-1 艾宾浩斯记忆曲线

这组数据是德国心理学家艾宾浩斯根据人的短时记忆和长时记忆整理的记忆遗忘规律。从图中我们可以看出,时间间隔越长,遗忘的内容量越大。那怎么根据这个规律去制订学习计划,让我们对课堂知识的记忆效果更好呢?

我们可以根据这个规律，结合我们的作息去制订复习计划，抓住这几个时间点去进行巩固复习：

● 每堂课后的休息时间，用两三分钟在大脑中过一遍学习过的内容，或者快速浏览一遍笔记；

● 中午或傍晚休息时间，把上午或下午学习过的内容用 10～20 分钟再次进行回顾；

● 晚上回家后，及时完成当天的课后作业，通过写作业的形式继续把白天学习的内容消化吸收；

● 作业完成后，再用一点点时间总结一遍今天学习的内容；

● 一两周后，根据自己的实际情况，利用周末再进行阶段性复习。

这样一套步骤下来，学习过的内容基本可以形成长时记忆。当然，在实际操作的过程中，建议同学们做好计划，针对不同科目设置不同任务，比如文科在复习时主要以内容背诵为主，理科在复习时主要以理解内容为主。但总体上要把握好复习时间间隔，按照先密后疏和多次复习的原则。

四、认知复盘：课后做作业的科学方法和习惯养成

从预习到课堂听讲再到课后复习，构成了学习的完美闭环。其中，做作业是不可或缺的一个环节。从表面作用来看，它可以巩固课堂成果；从深层作用来看，做作业的过程也是在锻炼你思

考、分析、解决问题的能力。

同学们,你是否还记得在第一章"两个参考坐标,两种思维方式"那个小节里,我们一起推导过归纳法思维和第一性原理思维?当时提到面对难题时,要使用第一性原理思维法的方式倒推出题者的思路,进一步明确考查点,并最终解出正确答案的方法。

在做作业的时候,我们也可以使用第一性原理思维来巩固学习到的知识点:每天的作业以复习巩固当天的内容为基础;每周的作业以复习巩固本周的内容为主;暑假、寒假作业以复习巩固每学期的内容为主。

既然目标清晰了,那我们就可以排除所有干扰因素,解决作业问题了。这里也归纳了几条高效完成作业的方法,同学们可以结合自己目前在使用的方法,综合优化出更适合自己的方式。

两个做作业的科学方法

● 用作业快速检验知识的消化程度

这里有一点需要注意:最好把回顾当天的学习内容放在前,把写作业放在后。

比如作业题让你求两个物体受到相同外力时,二者的运动状态会是什么样?这里你就需要先去回顾当天学过的定律,然后根据定律内容去做题,做完题后再检查自己对这个知识点的掌握情况。

所以,下次同学们再做作业时,不要急着摊开作业本就写,一定要先回顾一遍当天的知识点。一来相当于再次加强记忆，二来也可以再次梳理一遍基本概念和原理。这样，写起作业来效率会更高。

- 把写作业当成小型考试

很多同学在考试后分析考卷时会发现，每次最让人遗憾的都是因为审题不严导致的丢分，比如题目让求 A 点到 B 点的距离，结果求成了 B 点到 C 点的距离，辛辛苦苦写了大半页，最后全是无用功。

审题不严如果从第一性原理去探究，其实是学习机制出现了问题，这一点我们在后面会详细探讨。这里我们换个角度去讲这个问题：学习，是需要养成"机械习惯"的一件事。如果你的脑、手、眼在平时做作业时养成了机械习惯，比如审题时，会用"听觉反馈"来验证自己有没有看错题目，一边读题，一边用笔画线抓取题干信息；那么长期坚持下去就会形成肌肉记忆，成为机械习惯。在考试时，你就不自觉地会去做，相应的，你的考试自然也不会再因为审题不严而丢分。

写作业时怎么养成更好的习惯

- 专心审题

第一性原理思维一直在强调要回到事物的原点。马斯克想节约火箭成本,是从"制造火箭的原材料具体有哪些"这个原点出发去考虑怎么降低成本的。

做作业和考试也是一样,回到题目的原点,认真审题,弄清楚题目给出的具体信息,已知条件是什么?未知条件是什么?综合分析要考查的知识点是什么?需要用到哪些定理、定律?需要关联哪些知识点?然后再去推导解题思路和步骤。

一定记得题意弄不清楚时,不要着急下笔,一旦落笔,就要做到心中有数。

- 认真做题

我们在用第一性原理思维把关注点回归到了题目本身,弄清楚了题干信息,确定这些前置条件是正确的后,就可以按照解题思路,一步步推导得出正确结论。

平时做题严格按照步骤来,思路清晰,逻辑正确,得出的答案才能保证准确无误。一旦养成这个习惯,考试时答题的正确率也会提高很多。

- 仔细检查

检查,是修正的过程。

很多同学应该都听老师和家长说过很多次考试时检查的重要性。可是很多人往往忽略了,检查也是一个需要长期形成的习惯。

请同学们平时写完作业后,不要急着收拾书包,先仔细检查一遍当天的作业，看看自己的审题有没有疏漏，做题思路有没有出错。不要忽略这个步骤，把这件事培养成习惯，考试时才能把检查当成一件自然而然的事。

● 用心复盘

之前看过一位清华学霸的采访视频，被问到学习方法时，他说自己每次写完作业都会及时复盘。比如今天完成的作业内容和例题之间，和之前的作业之间是否有关联和不同？今天的作业内容中，部分典型题目是否有其他解题思路？新的解题思路又用到了哪些知识点？这些知识点之间有什么样的关联和不同？这些知识点还可以用什么样的题型进行考查？

他的这个复盘过程，其实就是把知识点再次回温，并且和之前的知识点串联起来，这样做可以把学过的知识更好地融会贯通，举一反三。这个习惯可以让你在考试时遇到知识点的变形题，或者遇到同时考查几个知识点的综合性题目时，不至于手忙脚乱。

● 耐心对待老师的批改

在上一节我们提到过，听课听的是老师的思路。而认真对待老师对你作业的批改，就是在分析、反思老师的知识传递思路。

我们先来回答一个问题：有以下两种学生，你觉得哪一种学生进步会更快？

① 作业发下来后，看完对错就放一边；

② 看完对错后，回顾自己做正确的题是使用了什么思路，遇到同类型题目时是不是可以继续使用这种思路，然后再根据老师的批改，找出做错的题错在哪了。是审题出现错误？还是解题方法出现错误？还是公式、定理记忆错误或者使用错误？怎么去改正这个错误？怎么避免下次再犯同类型错误？

同学们，你的答案是哪一个？老师批改的作业发下来，最好立即查看的根本原因是：我们在用老师这个旁观者的角度，去修正我们自己不易察觉的学习疏漏。

● 严格对待拖沓问题

这里我们做个小调查，同学们可以回忆下，你做作业拖沓的原因是什么？

① 因为贪玩而拖沓；

② 因为不会做而拖沓；

③ 因为注意力不集中而拖沓；

④ 因为对学习没兴趣而拖沓。

从心理学角度来说，拖延的问题来自于囤积的习惯。

桌面上攒的作业越多，越不想开始；每一科攒得不会的内容越多，越不想去把它们搞清楚，对这一科的学习兴趣也会越来越低；手边分散注意力的事物越多，越难集中精力开始写作业。

囤积只会让你的学习任务、学习困难越来越多，越不想行动，最后形成恶性循环，最终在考试时把所有问题彻底暴露出来。今日事今日毕，无论导致你拖沓的原因是哪一种，拖沓，最后都会成为浪费你时间的最大元凶。

五、认知修正：错题本建立的两大原则

重视错题本的日常积累

不知道大家是否观察过，成绩好的学生几乎人手一本错题本。很多学霸们在分享高分心法时，也经常会提到他们的制胜法宝——错题本。

错题本，从字面意思来看，是整理错题的笔记本。它的作用不仅是在日常学习中方便复盘，最重要的是在阶段性复习的时候可以以它为基础，把复习方向和时间浓缩在更有针对性的内容中。"好钢花在刀刃上"，唯有如此，才能把有限的时间发挥出更大的价值。

错题从试卷、作业本上看就行了，为什么要单独建一个错题本

首先，错题本和笔记本的功能类似，它是针对错题做整理，相当于把你在平时学习中会出现的错误汇总在了一起。这个过程看似简单，但其实大有深意。

当你把错题归类在一起后,通过分析它们之间的关联性,可以从中发现自己的错误集中在哪些点。

比如在归类数学错题的时候,你可能会发现你在立体几何部分经常出错,然后继续归类,你发现你经常出错的知识点是空间图形的位置关系。这时候你再去查漏补缺,针对性明显会更强。

建立了错题本,但考试还是会做错

在建立错题本这件事上,我们依然可以使用第一性原理思维:建立错题本的本质是为了防止再出现类似的错误。

那么我们在建立错题本的时候,就不能仅仅只是做归类和整理,而是要分析,我们具体错在哪了?错误的解题思路是什么?正确的思路又是什么?为什么最初做这道题的时候,没有第一时间找到正确的解法?是哪个环节出现了问题呢?

"知其然而知其所以然。"透过问题的表象,深挖出背后的原因,才能取得进步。通过认真思考,重新做一遍错题,从根源上避免下次再出现类似错误,这才是建立错题本的真正意义。

建立错题本的3个小技巧

● 建立错题本时,不一定非要每道题都摘抄下来,对于不太重要的,重复题型较多的,可以直接剪下错误内容。

● 标注错误原因,比如这道题是概念错误,还是步骤错误,还是马虎导致的错误,把原因标注清楚。

● 标注清楚错误的知识点,把导致这道题错误的知识点标注出来,然后可以把对知识点的总结写在旁边,方便后期查阅,再在错题旁边详细写出正确的解题步骤,也可以试着给自己出几道类似的题,争取把这个知识点彻底理解、消化掉。

怎样用错题本高效复习

时翻时新

错题本建立完成后,不是放在那里就好,而是要利用起来。想让错题本发挥出它的最大效用,就要增加错题本的使用频率,因为错题本上记录的,基本都是你还没有彻底消化的知识点。关于错题本的使用时间,可以遵循这两条:

● 为加深平时记忆,可以在复习前快速浏览错题本,比如每周、每学期复盘总结的时候;

● 特殊时间节点突击浏览,比如每次考试前浏览一遍,以防在考试中出现类似错误;考试后再浏览一遍,看看自己是否避开了这些错误。

彼此分享才能更快成长

有句话是这么说的:"你有一个苹果,我有一个苹果,我们互相分享,每个人还是只有一个苹果。你有一个想法,我有一个想法，彼此分享，每个人就有了两个想法。"

学习也是同样的道理，互相分享错题本，从别人的错误里发现问题，查漏补缺，可以防止自己犯同样的错误。也可以互相交换去做对方的错题本，看看自己是否也会出现同样的问题，看看自己对于这个出现问题的知识点的思考和理解是什么。

彼此分享，才能成长得更快，两个人的视角永远大于一个人的视角。

错题本也要分科建立

有些同学为了省事，把所有科目的错题都归类在了一个笔记本上，这样做既不方便后期查找，也不方便携带。建议分科建立错题本，和科目书籍试卷分类放在一起。

数学的错题本，就和数学书、数学笔记、数学资料放一起，语文的错题本就和语文的相关资料放一起，分门别类收好，后期查找的时候也会更方便。

预习也需要错题本

是的，你没有看错，预习课程的时候，也需要用到错题本。

其实理解起来不难。错题本的第一性原理是发现我们知识的薄弱之处，并改善和解决它们。某一章总结的错题，正是那一章你的知识薄弱点。学习又是一个系统的工程，每一章之间都有关联性，不是独立存在的。

因此，只有在开始预习新的内容前，对旧内容的薄弱点再次复习，才能更快速地掌握新的知识。

六、认知辅助：高效输入的方法

为什么阅读能力越来越重要？

《学习的逻辑》一书中提出："大部分学科都可以使用'脉冲策略'来提升学习成绩，比如运用短期冲刺获得成绩的快速提升。但唯独阅读能力的培养并不适用这一策略，因为阅读是一件长期的事。"

同样的学生，坐在教室学习同样的课堂知识，在学习方法和努力程度相当的前提下，成绩基本不会差太远。这时候你想要提升分数，就要在课堂外用功，比如阅读。阅读的输入，往往决定了你和其他人之间是否会拉开差距。

- 阅读能力强的学生，读题特别快

我曾经在一篇分析阅读重要性的文章中写过，根据网上的一组数据来看，高考语文试卷已经从以往的 7000 多字增加到了 10000 多字。数理化试卷卷面字数也增加了 2～2.5 倍，比如数学试卷的文字量已突破了 5000 字。

这组数据其实已透露出一个信息：当你的阅读能力较差时，

同样一张试卷，同样一道题目，你读题的速度就有可能比别人慢，解题的效率就有可能比别人低。

别人已经开始思考解题思路了，你可能连题目都还没有读完。尤其是翻看这几年的高考作文题目，你会发现一个现象：最近几年的作文题目，越来越像一篇小作文。就像2022年全国甲卷中的作文题目，素材加题目总共三百多个字，只把这些内容读完、读清楚，就要耗费很多时间。而且这个现象不仅存在语文作文中，很多科目都存在。

试卷相同，答题时间相同。你读题比别人快，速度上就占了优势。你读题慢，在一篇作文、一道题目上浪费的时间就比别人多，可能就少了一次检查的时间，少了一遍对解题方式的思考。

考试，不只是拼平时的学习情况，答题速度作为考场技巧之一也是考核点。如此看来，提升读题的速度和效率其实就是在帮助你提高自己的应试能力。

● 阅读能力强的学生，读题深

回看近几年的高考题目，还有一个特点：难懂！比如2022年全国新高考Ⅰ卷的作文题，要求结合材料中的"本手、妙手、俗手"写自己的感悟和思考。

这段材料首先就在考验学生的阅读力。阅读力强，对新内容的理解力、接受力、思考力就强，反之亦然。因为阅读的过程，就是对书中的词语、句子、框架逻辑以及作者思想进行解读的过程。

瓦西里·亚历山德罗维奇·苏霍姆林斯基曾说过:"缺乏阅读能力,将会阻碍和抑制大脑极其细微的连接纤维的可塑性,从而不能顺利地保证神经元之间的联系。谁不善阅读,就不善于思考。"

正如我们在前文中曾提到过的:"深层的学习机制,本身就呈现出明显的系统性特征。"你的阅读力强,关联能力、思维能力、逻辑能力就会更强,而这个能力,可以影响到你的所有学科。所以说"得语文者得天下,得阅读者得语文"并非没有道理,它恰恰揭示了一个关键:阅读力的高低,早已成为决定你成绩的核心因素。

而且最需要重视的是,这里的阅读能力,指的不仅仅是语文阅读,而是所有学科的基础阅读。

阅读能力有三层,你在哪一层?

根据不同的阅读方式,可以把阅读能力分为三层。

- 第一层——看山是山,看水还是水

位于这一层的学生,把所有的关注点都集中在了书本,在阅读时喜欢死记硬背,不会把知识融会贯通。

考试时基础知识基本可以答上,但题目稍微变形或者提升一点难度时就容易犯难,无法给出正确答案。所以这类学生的成绩都很一般,甚至不太理想。

- 第二层——看山不是山，看水不是水

位于这一层的学生，学习在他们眼里不再是死扣书本字眼的事，而是一件强调个人学习能力的事。

他们很注重学习的主动性和学习方法，常常一个人默默待在角落里努力，这类学生的成绩基本会保持在班级前列，但再往上突破会比较困难。至于原因是什么，先不急着公布答案，我们先来看第三层。

- 第三层——看山还是山，看水还是水

这类学生依然会把书本作为学习的主要阵地，学习的主动性很强，也很注重学习方法。但他们有一点和前面两类学生不一样，他们很喜欢和别人讨论、沟通。

看到这里，我们还是回归第一性原理，学习的第一性原理是自学，是内化知识。最好的内化知识的方式是可以把学习到的知识讲出来。和别人沟通、讨论的过程就是讲的过程，这其实也是我们常说的"费曼学习法"，以教促学，让知识内化得更深刻。

从第一性原理出发，可以推导出高效学习的3个核心环节是：先有高效的阅读输入；可将知识内化；能将知识完善成自己的知识体系。

根据这个过程，我们可以看出，阅读的本质在于辅助我们完善知识体系，让我们能够读以致用。那么我们根据这个本质，就可以把握阅读的三个关键点：

① 读书不需要读全，抓能用的重点即可；

② 用学习者的心态去重述和讲解阅读过的内容，加快内化；

③ 理解内化后的内容，把它们和书本上的知识点相结合，方便后期使用。

什么样的阅读方式，才是真正的高效阅读？

● 阅读书籍的选择

同学们，如果能在课堂内把课本上的知识点完全消化到位，学习成绩保持中上是完全没有问题的。但有时候为了获得更好的成绩，我们需要通过一些课外书本来拓宽认知。

这里我们依然要使用第一性原理思维。我们之前了解过，使用第一性原理思维推导的过程其实就是排除其他干扰的过程，用第一性原理去做课外阅读也是同样的道理。课外书只服务于书本知识，所以在选择阅读的排序上，最好倾向于与书本关联度更强的课外书籍，选择顺序从关联性强到关联性弱去排序。

比如语文科目推荐的课外书籍，首选的应当是课本中推荐阅读的书籍，在阅读完这些书籍后，如果时间、精力充裕，再去阅读其他书籍。

● 转变心态，从阅读者到学习者

以学习者为主体的阅读，不太关心看不懂和记不住的问题，只关心能不能通过阅读提升自己的能力，带来行为上的改变。作为学生，我们的时间是非常宝贵的，只有高效利用每一分钟，才能在千军万马中脱颖而出。

阅读，它本身并不能在短时间内为我们创造直接价值。就像你读完四大名著，并不能马上写出媲美四大名著的文章，但是我们却可以立刻学会名著中的某个写作手法，把它内化成你自己的写作技巧。

就像课文《林黛玉进贾府》，读完你觉得还不够，还想阅读更多，于是你又去看了整本的《红楼梦》。可是看完就看完了，你似乎觉得除了故事、热闹啥也没记住。

真实的情况却不是如此，阅读的长尾效应是非常强的，它可以在你之后的整个人生中为你增光添彩，所以我们在阅读中要结合第一性原理，要创造出最大的阅读价值。

再回到刚才我们提到的《林黛玉进贾府》，我们在阅读时除了了解故事情节外，还要留意作者的写作思路，作者是怎么通过一个小说场景，怎么通过外貌、语言来描写林黛玉、贾宝玉、王熙凤等贾府众人的性格特点的？还可以以阅读为基础拓展一些课外知识，比如为何《红楼梦》是我国文学史上的经典巨著？《林黛玉进贾府》这一章是怎么使用"移步换形"的叙事手法来描写场景中的动态感的？又是怎么从林黛玉的视角，去描写贾府的人、事、环境的？

这些写作手法，都可以成为你做阅读分析、写作文时的积累。

所以说，阅读不是目的，能把阅读输入的内容结合输出才是目的。

阅读一本书或者书中的片段，重要的不是看懂，而是能和自己学习的内容发生联系。所以，重要的不是记住，而是能够使用。

● 每本书都要读完吗？

阅读，强调的是自我导向，致力于内化和应用知识，这就决定了我们在读一本书时要有选择。一本书中有值得我们学习的内容，也就会有不值得我们学习的内容。

阅读输入时要考虑第一性原理的优先性，先选和课堂内容直接挂钩的，再选可以辅助理解知识点的，最后再根据时间情况选择其他内容。

这里可以分享给大家一个小技巧。

每次新书买回来后，可以先粗略浏览一遍，把家里的书签利用起来，大书签夹在书的首页，写上你对这本书的分析（用自己的语言重述对这本书的初步理解）。小书签夹在侧面，把需要重点阅读和学习的内容标记出来。

在阅读结束后，在首页第一张大书签下，再用自己的语言重述对这本书的理解，并和自己目前的情况联系起来，写下之后应该怎么去回读这本书，侧重点是什么。

其实这就相当于提前把思路记下来，学完后再做一次总结复盘。这样做，你在后期复习的时候，就不会被一摞摞书籍"吓到"，而是能迅速根据之前的这些"痕迹"复盘你读过的书。

- 怎样才能把阅读的价值最大化

再好的课外书,如果不能为学习服务,就先放放吧,毕竟,学习的可用时间是有限的。

以下是几点将阅读价值最大化的小技巧:

① 链接——把新输入的知识和自己之前掌握的知识衔接起来;

② 组合——找到输入的新知识和原有的旧知识之间的联系;

③ 讲解——用讲解的方式复盘自己的输入;

④ 推敲反思——从不同角度分析和处理输入的内容,通过这个过程让输入内容能够存储进长期记忆,以便后期随时可以拿出来使用。

七、学习真相:挖出学习中的关键点

不要让你的思维固化

第一性原理思维最大的特点是什么?不被表面现象所迷惑,能回到原点,从原点出发去解决问题。

把第一性原理思维运用到学习中也是同样的道理:对于学习中遇到的每一个问题,不要局限于问题本身,而是要回到学习这个原点去,从基于原点的各个角度进行思考,找出更多的解决方法,综合优化出最优解。要让自己的思维不被固化,我们可以从以下几个点去练习。

- 剑走偏锋，采用逆向思维；有时候遇到问题，从正面无法解决时，我们可以采用逆向思维，也许能够找到问题的关键。

如学习成绩一直提高不了，我们不要把目光只放在卷面上，换个角度，比如在平时的学习习惯中找找有没有可以改进的地方。

- 事物之间是普遍存在联系的，我们可以通过产生联想，将不同的事物联系在一起，这样才能够更快地解决问题。

如你用来背诵语文课文的方法，是不是可以使用到记忆数学概念中去？或者把原本分散的数学概念串联后，当成一篇有内在语言逻辑的"课文"去背诵？

- 当思维出现固化、无法摆脱桎梏的时候，我们可以采用发散性思维，通过不同的角度来发现问题，寻找事物的本质。

当你的学习兴趣不高时，是不是可以从环境、情绪、自律等不同角度去拆分这个问题，进而找到学习兴趣不高的真正原因。

- 当我们面对的一些问题具有很多相同点的时候，我们可以采用求同思维，在不同的事物中寻找共性，从而举一反三，快速解决问题。

- 当我们遇到一些问题的时候，可以打破常规，采用创新思维，使用新的方法和手段来解决。

其实你要是把学习这件事掌握得十分透彻了，就会发现考试中反复考查的知识点并不多，出题者无非是把知识点反复做变形罢了。所以平时做题时，在遇到一些变形题的时候，不要把自己的思维局限在原有的思路中,而是要跳出来,看看有没有更新、更好的解题方法。不过不建议在考试时使用这种方法,因为考试时间有限,一切应以求稳为主。

适当借用他律

学习中,我们需要做到自律,这是共识。但是根据这么多年的教学经验,我真心建议同学们不要太过相信自己的自律性。人是有着强烈他律属性的生物。在适当的他律帮助下,会更容易形成自律。

他律不是目的,是为了帮助我们养成自律的习惯。大家一听到他律,不要有逆反心理。他律的目的,是帮助我们形成自律。在学习的过程中,除了老师的课堂督促外,我们也可以邀请父母或同学一起互助:

- 每天检查你的作业完成情况、你制订的阶段性计划完成情况;
- 对于背诵类的作业,检查你是否背得非常熟练;
- 对于新学习的内容,可以通过听写的方式,做到熟练掌握;
- 监督、辅助你完成课前预习,课后作业。

从自身行动出发

除了他律的方式,我们还可以从自身出发,通过一些具体的行动去辅助解决学习中的问题。

- 多动嘴

多说,是把学过的内容用语言精准表达出来。说的过程,看似需要的是你的语言组织能力,其实是在考查你的思维能力。一个知识点理解透彻了,才能组织出清晰的语言去表达。尤其是英语学习,说的能力非常重要,把英语说出来,绝对比你一个人默默背单词进步得快。

多说,还有一个作用,就是能在你思路不清晰的时候,在听和说的闭环过程中帮你理顺逻辑。

作文,一直是有些同学的"老大难"。一写作文就没话说的学生,就可以试试多说的方式。看到作文题目先不着急,先说说看,在说的过程中理顺逻辑,然后再动笔写。

- 多动手

前面我们就提过"好记性不如烂笔头"。多动手,不一定非要体现在做笔记上,平时临时想到的一些琐碎想法,也可以随时记录下来。而且人的精力是呈"减法"的。当下的问题如果不能立马得到解决,就会一直储存在你的脑海中,占据你的大脑内存;这些小想法、小问题积攒得越多,你的大脑内存填得就越满,就越不容易在学习时集中精力。

同学们可以回想下,你是否有过这种经历:琐碎想法、事情特别多的时候,容易感到乏累,明明也没做什么,但大脑却一直昏昏沉沉的。

所以说,当下的想法,当下就记下来,把占用大脑浅储存的方式,改为用笔储存在纸上。及时清空你的大脑,它才能轻装上阵,更专注地投入到下一项学习任务中。

而且还有一点,对于有些科目,反复写的过程,也是加深记忆的过程。

● 多做题

我教过的孩子中,没有一个学霸是完全依赖天赋的,我看到的学霸,几乎每一个都无比刻苦。

同学们可以想一下,当你把学霸学习好的原因归结为天赋时,是不是代表在你的内心深处,并没有意识到努力的重要性?

就像我的很多学生,各种习题集买了无数本,教学习方法的文章也收集了很多篇,但就是不愿意踏踏实实地做几道题。

天下学习,唯努力不破。你努力的每一滴汗水,你做的每一道题,都将是你进步的根基。

● 多给自己正向回馈

学习是一件需要时时"吃糖"的事。

我们在制定学习目标时,不建议设置太大的跨度,即使定了大目标,也要尽量拆分成一个个的小任务。就像长跑一样,每隔一小段距离，设置一个路标，把原本需要跑很久的路程，拆分成一段段很容易跑完的短路程。

当我们在完成每一个小阶段的目标任务时，给自己一点小奖励，才能更有信心冲刺下一个目标。

这时候有同学就说了："太好了，以后写一会儿作业，我就打一会儿游戏，让自己放松下。"这个可不太好，游戏是一种持续对大脑产生强刺激的行为。休息是为了放松大脑，而不是让大脑又陷入新一轮更强的刺激。关于怎么能更好地放松大脑，我们后面的章节会详细介绍。

八、向上推理：从点到面解决学习问题

前面的所有内容，都在讲怎么根据第一性原理思维回到原点去解决学习中的具体问题。这一节的内容，是把第一性原理思维放到一个更高的维度，跳出某一个具体的学习问题，从"点—线—面"地系统性梳理所有的学习问题。

学习系统化

老师在课堂上给同学们布置课后作业，一般情况下会非常详细，比如写完第几页到第几页，做哪一些题，背会哪一些段落。从表面来看，你只需要按照老师的步骤，做完这些作业，就完成

当天的任务了。

但是，我们强调过很多次，学习是一个系统化的事。比如：老师布置的作业是练习新学的一个数学公式，那么你可以在作业完成后，去复盘一下这个公式是否可以应用到之前做过的题去简化解题步骤？或者说，这个知识点相比之前的知识点，有什么不同或相同之处？能否找出它们的内在规律和链接？

把每一天学到的内容当成一个点，再把这些点串联起来，学到的内容就不会是零散的碎片化知识，而成为一个有内在联系的知识体系。

学习结构化

任何事物都有它内在的结构。

连线成面，更适用于做长期学习规划，或者预习、复盘每学期、每周的学习内容。

因为学习"战线"一长，内容一多，很容易产生畏难情绪，从而开始囤积问题，最后因为拖延，问题越堆越多。而任务量越大，就越容易放弃。

这个时候，如果可以把这些横向的长线任务拆分成具体的任务节点，把它用结构化思维罗列出来，变成一个个需要完成的小步骤，大任务缩小成一个个小任务和具体的步骤，行动起来就会容易很多。

比如放暑假，面对一个假期可支配的时间和需要完成的大量假期作业，乍一看任务繁重。别着急，拿出一张纸，先拆分时间，再列出作业，拆分作业内容，最后两相结合，就设计出了一套可操作执行的假期作业进度计划表。

"点—线—面"的深层逻辑

"点"指一个任务、一项内容，可以是一个知识点，可以是一道作业题，总之，它是"点—线—面"中的最小单位。

"线"是一个阶段的任务、一部分整体的内容，可以是你制订的一个学习计划，也可以是你要在某段时间内完成的作业，它把点串联了起来。

"面"是用结构图把这些散乱的点和线梳理成了一套系统的行动方案。比如怎样提高学习效率，怎样提升学习成绩，就是一个面的问题。

第一性原理思维是回到原点，从原点出发，在各个分支路径上找出相应的解决方法，然后综合分析，找出最优解。

把这种思维用在学习中，就可以用"点—线—面"的方式表达出来：从一个个知识点，到阶段性的学习任务，再到找出一套提升学习效率和成绩的方案，形成一套适合自己的学习系统。

在后面的章节中，我将和同学们一起从"点—线—面"去详细拆解，如何用第一性原理解决提升学习效率和提高学习成绩的几大分支问题：学习力、专注力、行动力、内驱力、应试力。

第三章

跃迁

如何通过第一性原理提升学习力

> 本章的主题为如何通过第一性原理提升学习力,读者在读完本章内容后,可以对使用第一性原理提升学习力有更清晰的认识。

一、方式迭代：从传统孤立式学习到未来结网式学习

第一性原理的逻辑特点是先要回归到本质，再去寻找解决方法。

学习的本质除了知识外，还有知识的载体——人的大脑。那么人的大脑在学习过程中会遇到什么问题呢？我们一起来了解一下。

学习中面对的两大困境

客观困境

知识体系的庞大，是影响我们学习效率和效果的客观原因。

主观困境

- 有限的时间

无论你是学霸还是普通学生，每个人可供支配的时间每天都是 24 小时。而在这 24 小时中，除去吃饭、睡觉、通行，在学

习中可供支配的时间非常有限。

● 有限的大脑

我们的大脑并不是可以无限开发、无限使用的智能机器，相反，它还会逃避思考。可这些都不是大脑遇到的最难的事，最难的事是：大脑并不擅长记忆。你学习的、背会的内容，如果不进行重复记忆，很可能一觉睡醒就会忘记得差不多了。所以想要在有限的时间里学习更多的内容，本身就很难。

那么，有什么方法可以解决这些学习中面临的困境呢？

关于"学习无用功"的一次思考

之前有个考上 985 大学的学生，偶然和我聊起，他之所以能考入理想的大学，源于他读高二时的一次思考。那时的他突然发现，自己一直努力学习的知识，每天都在整理、摘抄的笔记，在回顾时除了一些隐约记得的概念外，其他原本以为已经熟知的内容，其实记得并不牢固，它们就像分散在大脑里一个个独立的点，记住了这个就会忘记那个，没有办法把它们组织、联系在一起。意识到这些的他有些慌张，一方面他很遗憾自己花费了许多时间却没有得到应有的复习效果，另一方面他又认为自己应该停下来去思考到底是哪个学习环节出现了问题。在重新思考了学习方式后，他才发现在这两年的高中时间里，他把该掌握的内容当成了一个个孤立的点在学习，没有思考过它们的内在联系，这种孤立的记忆方式给他的大脑带来了很大负担，时间花了很多，效果却不好。

在第一章梳理第一性原理学习法时，我们曾提出，学习的本质是自学，想要学习好，就需要建立一套完善、高效、适合自己的自学系统。那么这个系统必然是互相有着千丝万缕的联系的。如果把每一课、每一天学到的内容当作这个系统内的一个个点，想要彻底掌握它们，就需要让它们和谐地"运转"在我们自身的知识体系里。

同学们可以仔细思考下，我们现在所学习的很多新知识，是不是都是建立在基础知识之上的延伸？那既然都是延伸，我们是不是可以把它们分门别类地整理起来。当我们把新内容和旧内容在大脑中内化在一起，形成一套运转自如的知识体系时，在需要输出时就可以做到随取随用。

影响学习能力的关注点

在传统孤立式学习中，很多同学的习惯是着眼当下。

我们用做笔记来举例：有些同学在阅读书本时，习惯边阅读边画线，最多遇到重点内容时会再做一些摘抄。那么这个时候，你可以回忆下，当时你的精力和思考关注点是在眼前的新内容上，还是会把眼下的内容和大脑中的旧知识联系起来？我相信大多数同学的答案是前者。

表面来看这样的学习方法似乎没有什么问题。但是我们在前面提到过，现在的学生在有限的学习时间内要掌握的知识量非常庞大，已经很少有十几年前那种只要把书本的知识背会，就可以考到高分的情况了。就单单语文一门学科，涉及的课外阅读量，已经比之前多了很多。如果此时你依然只把眼光放在当下学习的内容上，只关注新的知识点，就很容易造成时间和精力的双重浪费，学习效果也会大打折扣。而且根据记忆原理来看，每个新知识点的吸纳，都需要用重复记忆来巩固。

我们可以换一种思路，不把新知识点作为新内容来学习，而是寻找新知识和旧知识之间的联系，把它当作对我们大脑中已经掌握的旧知识的延伸和补充，把它填充进你原有的知识体系中。

这样做的好处有哪些呢？

- 各个知识点之间的链接更强；
- 在考试时遇到考查综合类知识点的题型时更容易应对；
- 锻炼大脑的思维能力；
- 节省记忆时间。

不同的学习方式、不同的思考方式，带来不同的学习效果。这也就是为什么有些同学看似学习了很多内容，每天都在看书，每天都在学习，但依然学过就忘，或者即使花费大量时间去记忆，却无法做到举一反三、灵活运用。而有些同学，却能越学越会，越学越精。

如何搭建适合自己的知识网

在阐述第一性原理学习法时,我们一直在强调,向上求解的过程必须要从原点出发。大脑吸收知识的本质,其实是一个"吞噬"的过程,"吞进"新知识,融化进大脑的"骨血"中,"消化"迭代成旧知识;再做好准备,继续去"吞噬"新的知识。

- 孤立式学习方法只是把当下的内容短暂储存在了大脑,并不会对你的原有知识体系起到什么作用。
- 结网式学习是需要你把当下学习的内容和过往学习的内容相互关联起来,形成链接。

三个步骤内化新知识点

当你学习到一个新知识点时,先判断它们是否对你有价值,如有价值,再通过三个步骤去内化它们。

- 第一步——思考

思考眼下正在学习的这个知识点,或者要考查的知识点,和你大脑中已经有的旧知识之间存在什么样的关系。

- 第二步——归类

判断它属于哪一个知识框架。

- 第三步——关联

用做笔记的方式，把新的这个知识点填充进你旧的知识体系中。重新梳理旧笔记，把它和旧笔记之间的联系记录下来。

阶段性迭代笔记

在学习中，很多同学经常会犯的一个错误是：笔记做好了就束之高阁，而忘记了迭代更新。

笔记作为方便我们记忆、背诵，帮助我们梳理、归纳、整理知识点的一种形式，是需要不断进行迭代的。每过一段时间，就应重新整理。这里的相隔时间，我们不做建议，需要同学们根据自身的实际情况，比如学习进度、精力、时间分配来动态调整重新梳理笔记的时间节点。

为什么这么做呢？在定期对笔记重新进行梳理和整理的过程中，你会发现一些你之前在记录时忽视的知识点，还可以在整理的过程中去重新思考之前没有想通的问题。

回归原点

不知道同学们有没有这样的感受？记笔记虽然好，但是当你记的笔记越多，你就越不想去打开它。因为零碎的知识点填充得越多，你在阅读、背诵的时候，就越容易形成一定的记忆障碍。这时候就需要我们用第一性原理思维回归到原点。从每一个概念、每一个基本的原理定律出发，层层递进，去重新梳理整个知识体系。

这里给同学们一些实际操作上的建议：

● 做笔记梳理的时候，可以根据实际情况选择使用思维导图。分类做得越清晰，后期复习的时候就越容易。

● 把新知识点和旧知识点做链接时，如果出现忘记，或者对旧知识点记忆不清晰的情况，一定要及时叫停，先重温旧知识点，搞清楚、弄明白之后，再来链接新知识点，及时温故才能知新。

● 同一门学科下的分类越精确，对这门学科内容的理解越透彻。

二、调转方向：提升学习力的两大核心要素

提升学习力的原则是以终为始

明确目标，认清方向

当我们想要解决一个问题时，就需要排除干扰，先回到这个问题的根本，再倒推解决方法，这是第一性原理。它和《孙子兵法》其实有一个共通之处，都符合以终为始。打仗的目的是赢，所以要以此为目的来寻找策略；使用第一性原理的目的是找出解决问题的最佳方式，所以要在解决问题的过程中，从各分支路径找出相对应的解决方法。

在学习中，为了达到更好的学习效果，我们需要建立起适合自己的自学系统，在自学系统的建立过程中，学习力是作为其中的一个分支项存在的。大类下面有小类，建立大的自学系统可以使用第一性原理思维，提升小的学习力也可以使用第一性原理思维。

当"通过提升学习力来达到更好的学习效果"这个目标非常清晰的时候，就可以根据目标倒推出我们真正需要做什么。

比如做作业的时候，高效完成今天的作业任务，是我们当下的目标。那么你接下来需要做的，就是根据这个目标，找到高效完成作业的方法：

- 你的时间怎么分配；
- 怎么样能快速达到专注状态；
- 哪种做题方法更高效；
- 要完成到什么样的程度才可以结束。

确定中心

你的思考方式是什么，就会有什么样的行动方式，并得到相应的结果。

而确定中心，就是确定你的思考方式和行动方式。当你有了清晰的目标和积极的态度，你就能明白自己需要去做什么，需要围绕着什么去做。

如果你的中心是学习，那么为了达到了学习的效果，其他外界的突发状况、客观条件，就不会干扰到你。

比如，你专门利用暑假突击背诵了很多英语单词，你觉得自己的单词量得到了很大的提升，应该完全可以应对开学后的测验。可是却没想到，老师把开学测验的重点放在了语法的考查上。那么此时你会觉得这个暑假中背诵的单词是无用功吗？还是觉得只要自己完成了暑假的任务，这段时间的付出就不算浪费？

之前那段特殊时期，很多同学都居家上网课，学习的环境变了，学习的条件也变了，有些同学就开始懈怠。在网上，经常会看到有同学为了应付老师布置的作业而直接在网上搜答案，更有甚者，直接把网上给出的答案截图交给老师。这种情况下，以学习为中心的学生，就会思考：我们学习到底是为了什么？是应付老师，还是学到东西？

当你的原则非常清晰的时候，外界条件无论如何改变，你的行为和习惯都不会变。

再比如，经常有同学和我说一到了寒暑假，他们的学习习惯就会变得很糟糕，理由有很多，比如家里没有学习氛围、好吃的太多等。总之，都在给自己的习惯变化找借口。但你会发现，学霸依然是学霸，他们在家学习也不会懈怠，甚至比在学校里更用功，为什么呢？

因为他们的原则很清晰，学习一直是他们求学阶段的中心，无论客观条件如何变化，主观中心从不改变。

那么对普通学生而言，怎么才能做到以学习为中心，不轻易被外力影响呢？

- 第一步——确定目标

在不同的阶段设置不同的中心目标。每一节课，有每一节课需要完成的目标；每一个学期，有每一个学期要完成的目标。这个目标也可以具体落实在某一门学科上，或者整体的分数提升上。总之，目标清晰，才能有的放矢。

- 第二步——检查目标

当老师这么多年，我见过太多半途而废的学生。前面说过，拖延的原因是大量的囤积。拖延、拖拉，有可能是因为你在一开始确定目标的时候，所定的目标和你的真实现状并不吻合。目标过大，难以完成，就容易造成拖延；目标过小，没有任何挑战性，也容易造成拖延。这些拖延的内容累积起来，量越来越大，就更难开始了。如图3-1所示。

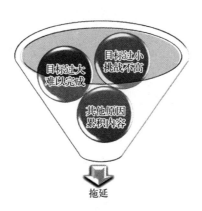

图3-1 目标和真实现状不匹配导致拖延

- 第三步——缓步推进

实现目标需要一点一点地推进。从心理学角度来说，人们完成目标最好的方式是在舒适区逐步拉升。之前你每天背诵 5 个新单词，在设置阶段性新目标时可以定成每天完成 6～7 个单词。一来目标完成得非常容易；二来越容易完成的目标，越容易得到更多的正向反馈。

提升学习力的底层逻辑是做好规划

学习的底层逻辑不是学习方法

一提起学习，我们就会想到：学习需要好的学习方法。似乎掌握了好的学习方法，就能获得好的学习效果。但其实，在学习中，真正的底层逻辑并不是学习方法，而是学习思维。

你可能知道很多学习方法，但是在实际学习过程中你会发现：要么你用不到这些学习方法，要么你不太会用这些学习方法，要么这些学习方法你总也使用不到位。

前两章我们在梳理第一性原理学习法时，提到在应用第一性原理学习法时，本质上是要建立我们的自学系统。马斯克在解决电池问题时，没有局限在重新找低价电池的思路中，而是在电池组成的整个过程中寻找突破。同理，学习的基础原点是书本知识，学习方法是把书本知识重组到大脑的这个过程中的分支功能。方法只是辅助,不是根本。逻辑基点弄错,你在学习中的思维和行动也会弄错。这也就是为什么你感觉掌握了很多学习方法,但这些学习方法却在实际学习中使不上力的根本原因。

很多学科无论怎么学,怎么考,都是万变不离其宗,最根本的内容都在书本中,或者说围绕着书本内容展开。那么使用第一性原理思维,就需要你回到书本这个原点,合理规划,先把它理解、吃透,才能更好地进行延伸学习。

学习中不需要空杯心态

同学们,你们是否曾听过一句话:"学习,要有空杯心态。"这句话本身是没有错误的,但如果在学习中使用太多空杯心态,结果往往会适得其反。

一个装满水的杯子,把水全部倒出来,再重新装满水,就有了一杯新的水。但我们再换种说法,把你大脑中现有的知识清空,再重新装入新的知识,或者说输入别人的知识。那么,你的知识表面上看起来变得更多了,但是这些独立储存进大脑中的知识,就像上一节所说的那样,是孤立存在的,并不能让你得心应手地使用。之前我们就已经了解过,最好的学习方式应该是结网式学习法;把新输入的内容,结合你的积累,填充在原有的网状知识地图中,才能算是真正地吸纳了新知识。所以说,学习新知识时,空杯心态是不适用的。

当然,空杯心态并非一无是处,你可以把它使用在学习态度上，时刻保持对知识的渴望。

空泛的学习概念

一说起要好好学习，我们经常会听到、看到各种各样"要努力，要坚持"的口号。听起来好像很励志，但容易陷入一个无法量化的困境。口号无论喊得多响，最终都是要落实到实际的行动中。那么什么可以使我们的学习力更强并且能完美落实到行动中去呢？这里依然要用到第一性原理思维。

第一性原理思维中找出的最优解的方式，是在各个分支路径中去找可以优化的地方，综合各个可以优化的地方形成一套完整的思路。提升学习力，除却以终为始建立目标，确定中心不偏离方向之外，也需要综合规划出一套可以落地执行并且能行之有效的学习方案。

从实际出发

● 重新规划你的学习资源

做学习规划的本质，其实就是利用我们现有的条件，合理配置我们身边的学习资源，达到学习效果最大化。

规划提升学习力的行动方案，并非一拍脑门想当然地去做计划。相反，我们要结合各科书本知识的学习进度，结合老师的教学安排，去制订一个可执行的方案，才能最终达成我们的目标，也就是提升我们的学习成绩。

● 把考试范围作为原点

虽然我们的时间是有限的，但我们还是想在这有限的时间内去学习更多的内容、掌握更多的知识点。怎么办呢？虽然知识是无止境的，但是考试却是有范围的。

在当前需要提升学习成绩的紧迫前提下，我们可以以考试内容为原点，向外辐射去复习，越靠内的内容越要分配更多的精力和时间；越向外的内容，越要少分配精力和时间。

● 不要相信你的学霸同学

我的一个学生，有段时间沉迷于观看各种学霸的分享视频。每次我看他的笔记都会被惊讶到，真是写得密密麻麻，而且他不仅会去记，还会标注自己的感想心得。按照这种认真钻研劲，他的学习成绩就算不是飞速提升，至少也会稳步前进。但结果却恰恰相反，当他把这些总结的方法用到自己身上时，才发现"水土不服"。方法都是好方法，可为什么用到他身上却起不了什么作用呢？这个现象其实涉及了一个有趣的概念："个例，是有误导性的。"

首先每一位同学的学习基础参差不齐，从一开始就将大家的起点拉到了不同位置。再加上个人天赋差距，后期培养出的学习方法和思维方式不同，这些都会导致学习效果天差地别。

就比如同样使用费曼学习法。有的同学在以教促学的过程中，不但重新巩固了自己的知识体系，还在教别人的过程中产生了更多的自信。但有的同学，他本身连最基础的概念都没有掌握清楚，在以教促学的过程中，他需要重新去大量地查阅资料，重新去理解和掌握相关的知识点。这个时候，如果他把以教促学的对象放在他人身上，就很容易产生挫败感。只有当他把以教促学的对象放在自己身上，这种学习方法才会对他产生积极的作用。

再比如，学霸使用的表面上看似简单的学习方法，内在可能会有更多的条件限制。旁人只是"知其然，不知其所以然"。所以说，模仿别人的学习方法，一定要先尊重个体差异。这也就是我们一直在强调的，为什么要使用第一性原理思维，从自身出发，排除外界干扰，建立一套适合自己的学习方法。所以，在建立规划时，你的第一步任务应该是先了解自己的真实水平，从自己的实际学习情况出发。

制订规划的三种错误心态

- 越依赖捷径，学习效果越差

我遇到过很多学生，特别喜欢追着学霸们请教各种学习技巧。他们总觉得学霸们学习成绩好，除了天赋使然，一定还有着别人不知道的独门秘籍。这类学生，一般归类为"投机取巧"型学生，与其说他们是为了找到学习技巧来提升学习能力,不如说他们只是希望借助各种技巧,在学习中能够躺赢,能够快速地不劳而获。一旦有了这种心态,就很难做到踏踏实实按照规划的步骤一步一步来学习。

● 待在舒适区

同学们可以仔细回想一下:所有学科中,你最喜欢哪门学科?在学习哪门学科时你的状态最轻松?为什么?

因为每个人在自己熟知的领域会更游刃有余。有些同学为什么会出现偏科现象?到底是因为同学们更喜欢学习这门学科时得心应手的感觉,从而把更多的精力和时间分配在了这门学科中,还是你真的不具备掌握其他学科知识的能力?

"男生适合学理科,女生适合学文科。"很多同学经常用这句话给自己偏科找借口。诚然,这句话有一定的道理,男女思维方式的差异,有可能会在一定程度上导致某一类人群更擅长某一门学科的思维方式,但这不是绝对的。小、初、高的学科课程,有其安排的合理性,并不会超出大多数学生的能力和认知范围。所以,当你觉得自己不擅长某门学科时,有可能是你把更多的时间精力花费在了你更拿手的学科上。

你喜欢物理,你的物理成绩就会比较好,因为做物理题的时候,你收获的成就感更高。你不喜欢英语,觉得那些单词就像紧箍咒一样,在你眼前一圈圈念得脑袋疼,所以你的潜意识就开始排斥英语。上英语课，你在思考某个物理现象；翻开英语作业，写了不到一行，你又打开了物理习题。你在物理上花费的心血越多，你在英语上花费的心血就越少；当学科之间的平衡被打破，二者在你潜意识之中的矛盾也会越演越烈。

中、高考，是一项综合性考试，无论是学科内还是学科之间，都有着微妙的关系。当你只在自己喜欢的科目中找成就感，不愿在其他科目上努力，那么，最终只有越来越偏科的学习成绩。

● 主次不分

记得我读高中那会，数学课上有位同学没有认真听讲，老师生气地说如果他能找出任意线段三等分的新方法，就不用听讲了。老师这一句恨铁不成钢的气话，我听了进去。写写画画多次后，我试出了一种新方法可以找出任意线段的三等分，连忙拿给老师看。老师给予了我很高的评价，这个评价让我彻底迷失了自我。从那以后，我每天都把精力放在钻研各种难题上，还煞有介事地开始研究数学未解之谜，根本没有心思听课，也没有心思做作业。过了一段时间，成绩直线下滑。

学习面对的是考试，虽然考试成绩并不能决定一切，但是在现有的教育体制下，考试成绩的确对学生很重要。所以在短暂的学生时代，课堂内容和书本上的知识依旧应该是我们关注的重点。

主次不分的情况在语文学科中出现的概率也很高。"枯燥的知识点，永远没有猎奇的故事吸引人。"语文书上的故事片段、课外小说,永远比古文背诵更有意思。有些同学容易借着培养语感的名号,把语文学习的重点只放在阅读课外小说上,而忽略了其他背诵内容。这是需要我们警惕的。

制订学习计划的四个要素

● 设定好你的主线任务

很多同学在玩游戏时,应该都曾经遇到过类似的场景:大怪兽带领着小怪兽们攻城,对玩家形成压倒性的包围。玩家在即将失败时,奋起反击,拼尽全力消灭大怪兽后,小怪兽们会立刻树倒猢狲散。

这种打怪的方法也适合用在制订学习计划时。比如任何学科都有自己的主线,从基本概念,到概念延伸,再到概念的应用。制订复习计划,就要沿着这条主线走。只要主线上的大怪兽都被攻克,其他支线上的问题也会迎刃而解。同样,做其他规划,无论是时间层面的规划,还是任务内容层面的规划,都要弄清自己的主线任务。

● 可以永远相信数据

最直观的,永远是图形与数据。

我们经常说要做好时间分配,更高效地管理自己的时间。在这里,我们可以用学习曲线直接把它记录下来。横轴为各个学习时间段，比如这一周的课堂时间，或者寒暑假的 30 个早上。纵轴为实际完成的任务量。从曲线变化中，去分析自己的任务完成进度，并根据实际情况及时进行调整。

这个学习曲线并不局限于一项内容，我们还可以用它来分析自己进入专注状态的时长。比如横轴依然为学习时间段，纵轴为投入时长，从曲线变化中去分析自己的专注时长，并规划接下来的学习任务。

● 要登山就要先找到那座山

前面写过不能盲目去模仿学霸的学习方法，不代表学霸的学习方法对你而言没有可借鉴的地方。你可以在班级里给自己寻找一个目标对象，观察他每一节课都在做什么，还可以通过沟通了解他课后在做什么，他的寒暑假是如何安排的。对标的目标不一定只有一个，可以有几个。

接下来可以对比一下，你和他们在制订计划时，在时间的分配、任务的安排、具体方法上有哪些不同？然后综合他们的经验，制订出你觉得比较可行的方案，以一周作为实验时间，边执行边调整。

● 在最小范围内提升

有些同学会发现，即使自己制订的计划难度不高，强度不大，可还是很难坚持下去。这里给同学们提供一个新的思路。

你在对标学习目标的时候，不要一上来就去对标学霸，可以对标一个只比你强了一点的同学。当你能达到他们的水平的时候，再调高一点自己的对标目标，一点点去超越，而不是跨度太大地盲目前进。

当你的学习成绩是尾部的时候，不要对标学霸的学习系统；当你的学习成绩是中等成绩的时候，不要去模仿学神的学习模式。

你的目标应该是距离你最近的那个同学，而不是你期待的最高目标。先生存，再发展；先改善现状，再做出提升。如图3-2所示。

图 3-2 制订学习计划的参考流程

建立分阶段里程碑

让一个人坚持跑完 3000 米，最好的方式是什么？是把这 3000 米分为一个个小的目标，然后在每一个小的目标地段标上标识。制订学习计划也一样，分阶段给自己建立里程碑，从你的现有目标到你的终极目标，建立 3 ~ 5 个里程碑，给自己鼓劲。

- 填充阶段内学习任务

这 3 ~ 5 个阶段，每一阶段你要达到什么样的水平？这个阶段内，你如何管理自己的学习时间？甚至可以详细到你需要做多少道题，需要背诵多少个单词，读多少篇文章，写多少篇作文，记多少个公式。

为什么这样做？这样做可以让你在从 0 到 1 的努力过程中，目标更明确，得到的反馈频率更高，这样你才能有更大的信心往前走。为什么很多人制订了学习计划却坚持不下去？就是因为自律本身很难，而清晰具体的目标会让你更容易地完成计划。

- 严格按照里程碑顺序推进

这里再强调一点，当你还在第一阶段的时候，不要着急去完成第三个里程碑的任务；当你还在第二个阶段的时候，不要去完成第五个里程碑的任务。一步一步稳扎稳打，才能真正前进。总之记住一句话，任何不能按照你的规划一步一步来的东西，都是在浪费你的时间。

能解决一切问题

我一直和我的学生强调：学习是平等的，但学习资源是不均等的。同样是一个学生，有些同学有私人家教，有些同学要自己一点点摸索，还有些同学可能回到家里还要帮父母干农活。表面看起来可能是学习成绩、学习效率的差距，但背后可能是两个家庭的差距。

有些同学完成基础知识的积累可能会比其他同学早，在规划新的学习任务时，他只需要去做提升和突破就可以。但有些同学可能还需要从最基础的概念抓起。

那怎么根据自己的现有情况做出改变呢？你可以做一个表格，把自己的学习情况详细写进去，例如：每门学科你掌握到什么程度了，你的平均分是多少，课堂外你可以借助的资源有哪些……把这些清清楚楚地列出来，这就是你现阶段的真实情况，而你所有的规划都要根据这些限制条件来进行。

所以，不要期待短期内就实现超越自身能力范围的飞跃式成长，要一步步来，努力是一定会有回报的。

警惕计划中的沉没成本

小说《狼图腾》中写过一个故事。草原上的牧民要时刻提防野兽攻击，为了安全起见，他们会在草原上放置捕兽夹。但奇怪的是，捕兽夹捕捉到的动物中，很少有狼。

一开始大家都觉得可能是狼太过聪明，但后来才发现并不是这样的。原来狼一旦被捕兽夹夹住，它们不会像其他动物一样原地等死，而是会狠下心忍着剧痛把被捕兽夹夹住的地方连皮带肉撕扯下来，哪怕为此丢掉一条腿也在所不惜。相比其他被捕兽夹夹住后只会哀号的动物而言，狼明显更懂得利用沉没成本思维。一条腿和一条命，孰重孰轻，答案不言而喻。及时止损，才不会损失得更多。

你某天早起背书，可起得太早实在很困，所以才背了一会儿就不小心趴在桌子上睡着了。半个小时后你被闹铃声惊醒，你是选择为了早起浪费的这半个小时懊悔一天呢？还是抓紧时间，在吃早饭或者上学的路上多背一会补救下？同学们，你的答案会是什么？

无论什么样的计划，在实施的过程中，难免都会因为各种主观或者客观的原因造成偶尔的懈怠。但如果你一直沉迷在没有按时完成计划的懊恼中，就会被计划所"绑架"，违背了我们制订计划的初心。

那么怎么才能做出真正的改变呢？已经浪费了的时间，再去懊恼也无济于事。不如及时调整计划，重新开始。

有些同学特别喜欢买各种课外书、参考书，但是买来之后却很少去看、去做。在每次重新制订计划的时候，他都会把这些书规划在制订的计划中。可这样其实是错误的，每个阶段都有每个阶段需要提升的内容，也应该配备相应的练习参考书。如果只是因为怕之前的东西被浪费掉，而把它又拉出来放到我们新的规划中，就是本末倒置了。

这里要专门强调一点，有些同学喜欢假装好好学习，假装努力，其实这是一个非常不好的习惯。当你假装学习时，你的时间也成了沉没成本,也就是你的这段时间是完全浪费掉的。而且,看起来你浪费的只是时间,但其实你浪费的是在这段时间里原本可以学习到的知识,以及因为这个知识没有学会而导致的下一个知识点不能完全掌握的损失,这是一个连锁反应。

不让自己住在信息茧房里

有些同学老说想去提升某一学科的成绩,可却没有更多的实际行动。

如果你觉得自己的某一学科成绩比较差,那么你现在可以做做这几件事:

● 看看你的书桌上、书包里、书架上,和这门学科相关的书籍和练习册有多少?

● 翻开这门学科的书籍和笔记本,回顾下需要记忆的内容你背会了多少?

● 打开这门学科的习题册,看看你做了多少道题,在没有参考答案的前提下做对了多少道?

● 重新审视你的计划表,这门学科你分配了多少学习时间?

思考完这些内容你应该会发现,你只是觉得自己努力了,但实际行动却并没有多少。还是那句话,不要过于相信自己的潜意识,而要多做数据分析。

怎么制订长期计划

- 短期计划靠自己，中期计划靠他律，长期计划靠互助

短期计划你可以根据自己的情况去制订，比如说，在本子上按照进度表做一个规划，每完成一个任务节点就划去一个内容。中期计划我们可以借助别人辅助，比如你可以和父母、老师、同学共同制订利于监督你完成计划的方案。长期计划则需要靠互助，一帮人一起去努力，会比一个人努力更容易一些，大家可以互相监督，一起成长。

- 做计划标记

当你在做计划的时候，可以给特殊的时间段标上特殊的标记。比如，任务起始的那天。

- 以更长的时间维度去思考计划细节

我们在制订计划时，一定不能脱离实际。我们可以尝试站在更远的时间维度上，审视你现在的内容安排对你未来的一个月是否有用，还有，也可以倒退回某个时间节点去审视任务，比如在一年前或者说是一个月前，甚至一个学期前，你是怎么做的？站到更高的维度，才能审视现在自己的目标是否出现了问题，或者说有哪些需要修正。

就像第一性原理学习法所说的，基于你现有的学习水平，形成适合你自己的学习系统。

三、重点取舍：学习过程中选择集中学习还是分散学习

分散学习为什么效果更好

苏联的一位心理学家曾经做过一项实验：让两个人数、智力几乎相同的小组，分别用分散学习和集中学习的方法，去记忆同一首诗歌。

其中一组同学在一段时间内反复阅读、记忆，直到把这首诗背得滚瓜烂熟；另一组同学则把阅读和记忆的时间分散在三天。结果表明：在同一记忆程度下，分散学习所用的时间，比集中学习所用的时间少。

基于此，他得出结论：相比集中学习而言，分散学习的记忆会更牢固。这也符合大脑的记忆习惯——持续用单一事物刺激大脑时，极大可能会引起大脑皮质的保护性抑制。这就很好地解释了一种学习中的现象，如果你长时间学习一样内容，不停地重复，不给大脑以喘息之机，你的大脑会反过来对抗你的输入。如图3-3所示。

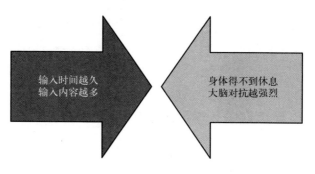

图 3-3　机体反作用于输入

在这个实验之后,心理学家们进行了更多的实验,最终发现对学习效果而言,不是时间越分散越好,也是要遵循一定规律的。比如在背诵完今天刚学的一个知识点后,如果等到一年后再去背诵,或者两年后再去背诵,那么大概率这个知识点会对你来说年年如新了。

我们以背诵一首诗为例,来简单说明一下记忆的一般规律。每次背诵间隔一天的时候,要进行重复四次的复习才能再次背诵下来;如果每次背诵间隔时间是三天,那么就需要复习六次才能再次背诵下来;如果把背诵间隔时间再拉长到六天,就需要复习七次才能背诵下来。时间间隔拉得越长,需要复习的次数就越多。所以这也说明了间隔一天背诵的效果是最好的。其实这个背诵规律也利用了记忆曲线,我们之前提到过,忘记了的同学可以重新翻看。

遵循复习周期

根据艾宾浩斯遗忘曲线,我们了解到,对学习过的内容的遗忘规律遵循"先快后慢",那么我们在重复加深记忆的时候,就可以利用这个规律制订复习计划。这样才能更好地达到复习效果,把每一个重要的知识点都牢牢储存起来,方便在后期输出时随取随用。

同学们可以参考以下表格(表3-1),通过给自己建立复习周期,养成复习习惯。在这个养成习惯的过程中,同学们也可以遵循记忆曲线的遗忘规律,前期先落实到具体的表格中,随着习惯养成,再慢慢脱离表格。

表3-1 根据记忆曲线制订复习计划

科目/内容			
学习时间			
第一次复习	时间安排	内容安排	复盘
第二次复习	时间安排	内容安排	复盘
第三次复习	时间安排	内容安排	复盘
第四次复习	时间安排	内容安排	复盘
第五次复习	时间安排	内容安排	复盘
第六次复习	时间安排	内容安排	复盘

此外，在进行复习时，还要注意以下几点：

- 不做笼统复习，只关注重点内容和笔记内容；
- 每次复习时间不要耗时过长，根据学习任务量把复习时间控制在 10 分钟左右；
- 最开始的几次复习，可以适当多一点时间，越往后，时间可以越短；
- 任何数据都只是作为参考，在实际应用过程中，要根据自己的实际情况进行调整，切记不可生搬硬套。

温故而知新

从记忆曲线的遗忘规律来看，学完立刻复习，更能加深记忆。可在实际学习的过程中，我们大多数同学经常出现的情况是"猴子掰苞谷"，掰一个丢一个，或者"临时抱佛脚"，在考试前突击式复习。

有些同学会觉得考试前突击复习很有效。可学习是一件长期的事，突击式记忆只能在较短的时间内达到记忆效果。一旦这个时间线拉长，照样会忘记大部分内容，甚至是回到原点。

其实很多同学不愿意复习，主要的原因并非是不明白复习的重要性，或者说没有掌握复习的方法。大多数同学不喜欢复习的根本原因是觉得复习是一件枯燥的事。这里就要提到我们一直在说的，学习是一件系统的事，复习并非只是枯燥、重复地记忆之前的内容；更重要的是，我们要把所学内容作为一个链接旧知识和新知识的桥梁。唯有如此，才能真正做到遵循学习的第一性原理——打造自学系统。

集中学习的适用范围

我们在现实的学习生活中，总会感觉突击式的记忆方法更为有效，这是为什么呢？

很多学生都会进行考前突击，这种集中学习的确可以在短时间内让你获得大量的信息，以便于应付考试。但是，这些信息都属于表层记忆，基本考完就"还"给老师了。

我们一直在说，学习考查的是你深度掌握知识的能力。那么，集中学习就没有优点吗？也不是，集中学习特别适合于短时间内要快速掌握一门学科基础知识的情况。但对于长期的知识内化和掌握，却并不适合。因为形成长期记忆的知识，需要长期使用。没有形成长期记忆的知识，做不到随取随用。

而且集中学习超过了一定限度，我们通常会感到疲倦和厌烦。

四、知识定位：怎么在练习中选择习题

如果说做好规划是前提，那么大量的练习就是把这些规划付诸实践。正如第一性原理的最终目标是要在各个分支路径中找出

最优解，我们做练习其实也是在这个实践的过程中去反复验证自己的学习方法是否正确，练习三原则如下。

- 有针对性地练习

因为我们最终面对的是中考、高考，你的分数至关重要，这是我们不得不面对的一个事实。所以我们在做练习的时候，所有的习题都要以我们的课程为中心，不考的尽量不做，以免增加太多学习负担。尤其是针对各个学科的易考点、常考点，这些都是我们需要重复去做练习的地方。

但综合性非常强的题目，就不太适合我们在巩固阶段性学习内容时练习，而应留在综合复习的时候再去尝试。

- 有针对性地练习

我们在做练习的时候切忌贪多、贪全，题海战术不一定能提升你的最终分数，但是它一定会让你感觉到疲惫。

读到这里，有的同学就要说了，他经常会见到有些学霸在使用题海战术。注意，这里的题海战术，并不是指题的数量，而是指题的类型，所以，在做练习时有针对性地对自己薄弱的知识点进行强化即可。

- 有层次性地练习

因为每位同学的知识体系、知识水平、认知水平，甚至学习习惯，都有一定的差异，所以同学们不要直接参照学霸的习题集去做，而是要根据你的实际情况，去找适合你的，能使你有一点提升的习题去做，否则不但效果不好，而且还会浪费你的时间。

基础不够扎实的学生做难题，提升太难，且容易失去学习兴趣，产生畏难心理。尤其是理科，像数学、物理，当你的基础知识掌握得不够牢固时，挑战有难度的题，在题上花费的时间、精力是非常大的。而且最重要的是，你很难做出来，即使你通过其他途径，比如向同学请教，向老师请教，最终解答出来，也不利于你对相关知识点的掌握。

我之前有一个学生，经常会在下课的时候向老师请教问题，看起来好像这个同学很好学，但是他每次考试的成绩都不太理想。排除掉他的学习时间、理解程度等因素之后，我发现他有一个与自己学习程度不太相符的偏好——喜难题，他向老师请教的问题，几乎都与试卷的最后几道大题相关。但其实他的学习成绩是在班级的中下游，那么这种超出他实际学习水平的问题，就不会给他的成绩带来什么益处。

这就像是学习成绩比较好的学生，没有必要再在一些非常容易的题上浪费时间一样。

就像我们之前讲的，做不同阶段的学习规划时，应该设置不同的学习内容；你在做练习的时候，不同阶段也应该有不同的练习题规划。

你所做的练习题必须是符合你每一阶段成长的。

学习新的知识、新的内容的时候，应当针对目前具体的知识点，还有你的实际情况去进行习题选择。选择的原则是既要能深刻理解刚刚学习的新知识点，又能让它和旧知识融会贯通。

最后还是要强调：我们的学习是要建立一套适合自己的自学系统。构建你的自学系统，就需要形成自己的自学知识体系，给新旧知识建立链接，再进行练习，在练习过程中发现难点、错点，并彻底解决它们。

五、放大典型：复盘和思考时要找准策略

做好复盘的几个策略

古语有云："学而时习之，不亦乐乎。"这就是说在学习后，还要不断地去复习、复盘所学的内容。复盘的过程，其实一点都不复杂，但要把它做好却有点难。

在这一小节，我们会把复盘引入学习系统，通过审视和思考，利用复盘提升学习效率。

让复盘仪式化

- 抽出特定的时间

比如假期的某一天，或者一天中的某个时间段，或者一个星

期的周末,在专门的时间进行复盘。

很多同学常常把复盘放在休息时间,这是不合理的。复盘需要的是正式的时间,因为复盘和学习是同等重要的。

- 选择特定的地点

复盘需要一个特定的场景。复盘时应尽量专心,把注意力只专注于当下。在专门的地点,静下心,才能认真做好复盘。

让复盘具体化

同学们也可以使用合适的工具去复盘。比如利用表格记录某一阶段你完成了什么任务,或者用进度表格记录每个阶段、每一天你完成了任务的几分之几?有步骤、有方法、有工具,一来可以强化你复盘的使命感,二来也方便你在这次复盘之后,进行总复盘时再次使用。

给复盘"擦掉粉饰"

复盘切忌编造。

比如,这个任务你没有完成,那么你没有完成就是没有完成,不要在想象中感觉自己大概完成了,不要去自我催眠。复盘,不能把它单单当成一个反思去理解,其实它更像是我们坐下来和自己内心对话的一个过程。

当你在复盘的时候,其实是你在明确自己想要什么,把自己的目标重新梳理的一个过程。

复盘还利于我们思考和学习相关的一些关系,比如,你和老师之间的关系,你和时间之间的关系等。在复盘的过程中,我们可以发现这些问题,然后去解决这些问题。

复盘还有最重要的一点就是重新审视自我。

为什么很多时候我们树立了目标却落实不了,因为我们内心是质疑它、怀疑它,想要去拖延它的。

那么当你再去复盘的时候,你就要明确哪些地方出现了问题?哪些地方是你所困惑的?比如计划没有落实的原因是什么?客观因素是什么?主观因素是什么?

当你在一遍遍思考、一遍遍复盘、一遍遍询问自己内心的时候,你就能得出正向的答案。

或许你真正需要的是肯定和鼓励

复盘并不是说让你一个劲去找自己的问题。

为什么有些人会讨厌复盘?因为复盘很容易让人发现自己的不足,短期内影响不大,但是长期这样,很多人会觉得有挫败感。

所以,我们在复盘的时候不仅要找出自己的问题,还要发现自己的长处,肯定自己的进步,给自己更多正向的反馈。

复盘的两个角度

第一个角度——站在"圈外"看自己

有句古诗:"不识庐山真面目,只缘身在此山中。"当我们站在问题中复盘自己的时候,难免会对自己进行美化。

比如,我们在学习的时候,其实并没有一直集中注意力,一节课里,可能有 20 分钟的时间我们都在发呆,但是我们自己在复盘的时候会觉得这节课我们是完全投入的,这个时候就需要从他人的角度,比如你的老师、你的同学、你的父母,从他们的反馈中发现自己的问题。

第二个角度——站在"远方"看自己

当前正在发生的事件,我们可以把它往后推到另外一个时间点。从过去的视角看,或者向前一步站在未来的视角看。

比如你因为某一门学科没考好感到非常焦虑,觉得这门课的成绩不好,拖了后腿,导致你这次考试成绩的总分降低。但是你可以把时间线拉长,一年之后、一学期之后,再去看,这个短期之内的成绩波动,其实并不值得你去焦虑。

复盘的其他注意事项

让结论的子弹再飞一会儿

同学们在复盘的时候,经常会走进这样一个误区:比如今天的学习任务没有完成，立马得出结论，我今天没有认真学习。

复盘时，我们不仅要考虑当下我们出现的问题，还要考虑眼下出现的学习问题是不是之前就存在过？我们之前是如何处理的？这会对我们最终完成目标产生什么样的影响？影响是大还是小？

还有，不要弄混你的目标和你要完成的任务。要完成的任务是为了实现你的目标，任务只是实现目标过程的一个阶段。一个阶段内的任务没有完成，并不影响你的整体目标，只要及时修正，就不会有太大问题。

你的大脑在欺骗你

复盘得出的结论必须是根据事实推导出来的，和想象无关。

复盘是一个思考的过程，也是把混乱的思维理顺的过程。比如你的一个学习目标没有完成，是因为你的这个目标是模糊的，你不知道为什么要完成它，完成它能够让你收获什么，或者说现阶段你需要先做什么。

这里我们就可以用思维导图来分析，你现在出现的问题是什么？问题的原因是什么？原因通常有几个，我们在讲第一性原理思维的时候强调过，分支路径是有很多的，比如，从一个原点到目标，并不是一条直接从原点到目标的路径，而是会有很多的分支路径。那么我们在复盘的时候就同样要考虑分支路径，把每条分支路径下你能发现的所有问题都标注出来，然后用排除法，找出每一个问题相对应的解决方法，最后综合出最优解。

这就像如果我们考试成绩并不是很理想，那么我们第一反应肯定会是暗下决心要努力学习。可是这是一个很空泛的概念。为什么呢？因为我们得出的结论太过于迅速。

我们觉得考试没考好，是因为我们平时没有努力。这种纵向思考的方式，从1得出2的思考方式，有的时候会让我们被迷惑。

因为考试没考好，就像我们前面说的，在各个分支路径里，可能存在很多的因素，不一定是你不够努力，也有可能是学习方法不对，或者是你的学习压力过大，还有可能是情绪的原因，甚至可能是身体的原因、心理的原因。我们要关注更多的可能性，而不是直接迅速地根据直觉立马判断出答案。

一切复盘都是指向未来的，复盘的最终结果是要更好地行动。

那么在复盘时，就可以想清楚我们为什么要在之后这样做？目标是什么？什么时候开始行动？行动的第一件事是做什么？

心理学中有一个底层的系统规律叫作"增强回路"，指的是一件事情的因，能够增强果；果，反过来又会增强因，最终形成回路，一圈一圈地循环增强。其实这个就是形成了一个正向的循环。

这就像我们平时在生活中看到的一样，学习好的同学，大多数情况下成绩会越来越好，而学习差的同学往往成绩久不见起色。

为什么呢？学习好的同学，因为学习成绩好，容易被表扬；受到的表扬多，就会更想要保持这种被表扬的状态，所以他会更努力地学习；更努力学习，就会收获更多的回馈。而学习差的同学，因为学习差被批评，越被批评，越不想学习，学习越差，最终形成恶性循环。

不做无目的之事，不打无准备之仗

复盘本身就是一个学习的过程。

我们在复盘的时候，应先对我们的学习目标进行重新梳理，接下来再去回顾我们的学习过程，看看是否陷入了一些误区。比如，你是否陷入了题海的误区？盲目抱来了一堆习题在做？是否陷入了难题误区，只喜欢钻研难题，却不考虑这些难题适不适合现阶段的自己。还有一些同学特别依赖外部的复习资料，参考书买得非常多，等到学习的时候却不知道从哪一本开始，往往是这一本习题册做了几道题，那一本习题册又做了几道题，最后没有任何实质性的帮助。

所以说复盘要带有目的性，要先找出自己的问题，再根据问题找出原因。然后用不同的角度去思考自己面对的问题，找寻解决的办法。

当然你也可以把自己的复盘进度列成一个表格，在表格中标注出为什么这次要做这个复盘，你面对的直接原因是什么？在深入分析之后，发现最终的原因是什么？你要达成的目标是什么？

当前的情况是什么？你现在使用的策略、之前使用的策略是什么？然后把它列成一个思维导图或者鱼骨图，最后写下你的总结，你的下一步计划是什么。

六、思路填充：使用第一性原理学习法提升学习力的其他注意点

学习能力的提升是缓慢的

回归到学习本身，我们用第一性原理思维去思考，从书本知识的输入，到考试成绩的输出，这个过程本身就是一个庞大而复杂的过程，所以它必然决定了学习能力的提升是缓慢的。

以自我为中心还是以知识为中心

学习的原点如果细究应该有两个：一个是书本，一个是人。人学习书本上的内容，再通过考试输出书本上的内容。

我们之前一直在探讨，我们需要建立的是学习的自学系统，自学系统的主体是人，客体是知识。所以学习是以人为中心的行为，而提升学习能力的本质就是提升人的学习能力。

学习能力的提升，代表你能够更快速地掌握新知识、应用新知识。学习能力主要体现在以下几个方面。

- 内化和应用能力

关于内化和应用，我们之前提到过，要把新知识和旧知识链接起来形成网状结构。

但这里也会有一个问题，人作为主体，不一定能时刻处于理性且客观的状态。比如有时候我们看到一个新的知识点，会觉得这个好像学过了。然后就会出现其实这个知识点根本没有学透，但是我们好像我们已经掌握了的错觉。

当这种情况出现时，我们应该怎么做呢？

可以通过重新复述的方式，去加深理解。然后把所有的关注点都放在这个新知识上，只在思考的时候把它与旧知识连接起来。且在练习和复盘的时候，都只针对新学习的知识点。只有这样，我们才能对新知识进行更好地内化和应用。

- 分析和整理信息的能力

不是所有的信息都有用。

比如老师上课讲的内容，对于学霸和普通学生而言，需要吸收的内容就是不一样的。

再比如老师布置的同一套习题，也不一定是适合所有人。那么你在听讲和进行课后练习的时候，就要有针对性。

第一性原理学习法的本质是建立行之有效的自学系统，自学系统非常依赖于个人的学习能力。所以说，与其把更多的时间和精力放在外界，不如仔细分辨获取到的对自己真正有用的信息，从内提升自己的学习能力。

- 复盘和反思经验的能力

苏格拉底曾说："未经反思的人生不值得过。"

当你在学习中遇到问题的时候，一定要针对你眼前遇到的问题去解决，而不是你想象中的问题，或者大家都会遇到的问题，甚至是理论性的问题，未来才会发生的问题。最紧迫的、最重要的、急需解决的问题，才是你目前真正需要思考的事。

把这个问题清晰简单地用几句话描述出来，然后把这个问题的前因后果尽量地罗列出来，比如你为什么会出现这个问题？是在什么样的情况下出现这个问题的？如果这个问题解决了会带来什么样的结果？如果你什么都不做会发生什么样的结果？从好的方向和不好的方向、做与不做的方向，都把结果描述出来，让自己清晰地明白你的知识边界在哪里，你应该怎样去解决。

优先考虑目标

我们来看一个实际的案例，我的一个学生，为了学习英语，专门下载了很多学习英语的 APP，可是英语成绩却增长缓慢。

当时他对自己得出的结论是：自己不喜欢英语，也不擅长英语，所以始终学不好这门课。可是我们在实际分析这个问题、追问这个问题的前因后果时，却发现并不是如此。

我们先来看一个问题：为什么英语对他很重要？

英语是最重要的考试科目之一，它不仅和现阶段的考试成绩挂钩，还将在整个人生阶段都非常有用。比如阅读很多前沿技术的文档、优秀的著作，到英语国家出游等都需要用到英语。

那么他实际面对的问题是什么呢？首先他的英语基础很差，单词量太少。而且，他分配在英语学习上的时间也不多。从这些问题里面，我们再去寻找解决方法，单词量少就背单词，分配的学习时间少就重新调整学习时间，总之，一切以眼下的学习总目标为主。

学习力，是提升学习效率和改善学习效果的重要路径之一。虽然这个概念看似宏大，但其实内在有着很多细节逻辑，只要按照逻辑线一点点剖析、改善，你的学习力一定会得到非常大的提升。

第四章

集中

如何用第一性原理提升专注力

> 通过阅读本章内容，读者将对怎样使用第一性原理思维提升学习中的专注力有更加深刻的理解。

一、核心要素：如何做到在学习时专注

专注的第一性原理是建立内在秩序

你并没有把专注力放在学习中

记得我刚当老师的时候，总是不解，同样都是坐在一个教室里的学生，听的是同样的课程内容，上课的老师也都一样，也就是说，至少大家在课堂中获得的资源是一样的。可为什么有些学生的学习效果非常好，有些学生的学习效果却非常差，问题到底出在哪里？真的是因为天赋或智力的差别吗？

直到后来在一堂自习课上，我才找到了出现这一问题的根本原因。

表面上看，所有的学生都是坐在教室里，都在写作业。但真实情况却完全不一样：

- 有些同学从始至终都认认真真，所有的精力都集中在面前的书本上。

- 但另外一些同学就不一样了，一会儿笔帽掉了要俯下身去捡，一会儿想去上厕所要打报告，一会儿挠头，一会儿又咬指甲。前一

秒还在做习题，结果翻开课本的时候，又看起了书里面穿插的小故事。更有些学生，睁着迷茫的双眼看着前方，透过他们的眼神你永远猜不到他们此刻在想什么。总之你会发现，他们的注意力可以分散在任何地方，唯独不会集中在眼前的书本上。

而且很遗憾的是，很多学生都属于上述的第二种情况。

专注度直接影响学习效果

记得看过一部纪录片，记者询问了很多教学经验非常丰富的老师："什么样的学生学习效果最差？"几乎所有的老师答案都出奇地一致："专注力差的学生。"同样的一节课，相同的时间内，专注力强的学生，时间利用率高，学习效果好；而专注力差的学生，时间利用率低，学习效果差。专注力的强弱，可以导致不同的学生在同样的学习时间内，学习效果天差地别。

用内在准则约束你的学习习惯

如果我们想要在学习的时候达到专注状态，就需要先养成良好的学习习惯。接下来，我们就一起用第一性原理思维解读下专注力。专注状态，代表你不会去做与当前无关的事，意味着你的学习习惯非常好。

换个角度讲，其实就是你在学习的过程中，已经形成了一套内在的秩序。

在自己的内在形成了一种自我管理控制的能力，这个能力可以帮助你在学习中形成一套自己的思路，或者说，一种规则意识。我们可以参照最开始所举的两类学生的例子，当你在做习题的时候，遇到一个问题需要从书中去搜寻答案。你翻开书的时候，看到了课本中一些穿插的小故事，这个时候就是你的内心准则，也就是你的学习习惯起作用的时候了。如果你把注意力只放在找寻相对应的答案，而不是其他干扰项上，就不会被其他的东西所吸引。这其实就是你用自己内心建立起的一套学习习惯准则约束了自己的行为，对自己形成了一种自我控制能力，也就是有了一套你不用刻意去想，但会下意识去做的内在秩序，你遵守它，不会质疑和脱离它。

这就是我们专注的本质，培养专注力就是要形成我们的内在秩序，让这套秩序去帮助我们约束自身行为，提升自控力。

内在秩序是学习习惯的第一准则

构建自我

心理学家丹尼尔·戈尔曼说过："专注，是比智商更容易让孩子成功的因素。"

在一篇分析专注力的文章中，我曾引用过《学习之道》中的一个故事，作者乔西·维茨金是当时最年轻的国际象棋世界冠军。为了进一步突破自己，他准备跨界学习新的象棋技能"太极推手"。

可没想到的是，在学习了新技能，原本信心满满的状态下，对手越来越快的出棋速度让他越来越感到慌张，眼看棋局就要输了，他才反应过来，如果继续现在的状态，只会被对手杀到溃不成军。于是他开始调整自己，集中注意力，屏蔽掉外界所有的干扰，把注意力重新放回到自己身上。这个时候，他发现对手的出棋速度看起来似乎也没那么快了，而他也能慢慢地从中找出破绽。最终，他靠着回归专注，战胜了这个一开始让他感到慌张的对手。

这个故事的内核放到学习中同理，学习的主体，永远是你自己，你的状态决定着学习效果。

影响学习专注力的"敌人"

专注力的"敌人"，除了你自己当下的状态，还有可能是来自外部的各种杂音。学习时想要专注，第一步是先从外到内消除杂音。

- 主动屏蔽环境信息干扰

外界杂音主要是由外部环境造成的。下面有两张学习桌，你可以大致判断一下，你觉得自己在哪张学习桌前学习时的专注力会更高一些？

- 干干净净的学习桌，所有书籍资料分门别类，随手可取。
- 杂乱无章的学习桌，每找一本书、一本资料，都要翻找半天。

我们在翻找资料、书籍的时候，其实会浪费掉许多时间，这些被浪费掉的时间无形中都是在削减你的有效学习时长。而且最重要的是，无论你之前多么专心在做一件事，只要在你的单次专注时长内，你允许自己的注意力间断性转移到去查找的资料时，便会在无意中模糊你的关注点，这种情况其实就是受到了信息干扰。这种信息干扰出现得越多，你的注意力就越容易被分散。

既然专注力的本质是要形成内在的秩序，也就是养成良好的学习习惯。那是不是我们排除掉一些阻碍我们形成良好习惯的行为，就是在帮助我们形成良好的内在秩序呢？有心理学家通过实验从侧面论证了这一点。比如当你身处杂乱无章的书桌前或者房间内时，专注力会低于处于干净整洁的环境中。而且还有一点，你整理书桌、书包、书本的过程，就相当于在同步整理你的大脑。正如前面所说的，当你需要从一堆习题册中选择一本的时候，你一般会根据自己当前的学习进度选择相应难度的习题册，所以你整理的过程其实也是对自己学习进度重新梳理的过程。同学们，打造专注力的第一步，先从整理你的书桌开始吧。

● 被碎片化信息占据的大脑

一个被碎片化信息占满的大脑，一定是疲累的大脑。

同学们，你们是否曾有过类似的状况？

你正在写数学作业，可脑子里还惦记着待会儿还要抓紧时间补英语作业；正坐在教室里上物理课，突然又想起上节课刚发的化学试卷中还有一道错题的正确解法没有搞清楚……这些念头都让你的大脑一直处于被各种杂乱无章的信息占据的状态。表面看你似乎没有受到影响，但其实这些碎片化的信息一直在分散着你的注意力。

而碎片化信息的最大危害是，它不仅让你无法专注于当下的学习状态，更主要的是，它一直"埋"在你的潜意识中，时刻暗示你该早点结束现在的学习任务，好赶紧开始刚才惦记的下一项。但是注意力是有连贯性的，被打断后，需要重新进入专注状态，反复被打扰，就会反复重新进入状态。你用了15秒钟去思考一个碎片化的信息，可能又需要几个15秒钟才能重新回到你之前的专注状态。对大部分同学而言，这种情况很难避免，那么，一旦出现这种状况，有什么好的解决方法吗？

首先，可以把杂乱无章的信息用笔记录下来，用记录这个动作清空你的大脑，最大限度地减少大脑的负荷。大脑的容量是有限的，只需要专注当下即可。其次，可以通过做好每天的学习安排和计划，形成从计划出发的学习习惯，让计划去指导你的行动。

- 让专注力回归到你身上

很多同学在日常学习的过程中，都能注意到内在的"杂音"和被碎片信息占据的大脑，但来自他人的"杂音"却往往会被很多人忽略。相比由于自己的因素造成的不专注，他人造成的不专注因素会更难令人察觉，有时候即使能够及时察觉到，也很难做到不受干扰。

比如有些同学，自身学习成绩本身已经很优秀了，也在按照自己的节奏稳步前进。可如果这时候，身边有一位同学的成绩突然突飞猛进，就很容易会使他产生焦虑情绪。而这种焦虑，会让他很难再像以前一样把专注力放到自己原有的学习节奏上。还有一种经常会出现的场景，考试的时候，有些同学的试卷可能还没有答完，本来还可以做到心中有数，但如果此时有其他同学提前交卷了，他自己就会着急，也做不到按照自己原有的节奏答题了，也不想再继续耐着心去检查试卷了，只想尽快交卷。

在第一性原理思维中，有一个必要的条件项，就是在找出最优解的过程中，一定要排除外界的干扰。当你以别人作为参照物的时候，势必会影响你自己的专注度。我们写过，学习的过程，其实是一个建立自学系统的过程。自学强调的是专注自身，有自己的节奏。如果你把更多的精力放在和他人的比较上，那你自己的节奏势必会被带偏。而一旦你自己的节奏被带偏，原本稳定的内在秩序就会被打乱，那也就代表着你的专注力不再稳定。

所以说，消除来自他人的"杂音"，就是无论别人怎么做，无论别人的节奏是什么，不管别人对你的评价是什么，只要专注于自己当前的状态就好，做好自己，比和别人比较更重要。

二、核心因素：如何做到情绪专注

情绪专注的本质是保持最佳的身心状态

你学不好，可能是因为心情

《学习治疗手记》（宋少卫著）一书中曾将人的记忆分为三种：数据、程序、情绪。

数据与程序这部分记忆在不受情绪记忆影响时，都会在良好的内在秩序中正常运行。但当人处于负面情绪中时，人的大脑会产生情绪记忆，这种记忆会对数据记忆和程序记忆产生极大的抑制和削弱作用。也就是说，情绪记忆会影响你的学习效果。

·同学们可以回想一下，在你小时候写作业时，如果你的父母因为一些原因对你进行了批评，那么当你再继续写作业的时候效率是会变低，还是会变高，或者和之前一样？

你还可以回忆一下，是老师对你鼓励多的时候，你在学习中动力更足呢？还是老师对你批评多的时候，你的学习动力会更足？

相信大部分同学的答案都是一样的。其实这也就表明了：你在学习时的情绪状态，会直接影响你的学习效果。

安抚好你的情绪

在这里,我们依然使用第一性原理思维,将情绪专注问题回到情绪本身。从情绪管理的角度来说,要理解和完全接纳你自己的情绪,然后用理性的思考去控制你自己的行动。想要去合理地控制情绪,首先就要有稳定的情绪。那么如何有稳定的情绪呢?我们需要去创造能够产生稳定情绪的环境,还有能够让你产生稳定情绪的身心状态。可以尝试以下办法:

- 休息时间收听舒缓音乐
- 不让负面情绪过夜
- 保持适量的运动或者户外活动
- 和同学们有正常的社交时间

至于情绪控制的能力,其实更多的是你对焦虑的处理能力。前面我们在讲如何做到专注学习的时候有讲过,通过把专注力、关注点放在自我身上,来屏蔽外界他人带来的情绪干扰。那么这一节,我们将把更多的侧重点放在如何让自己达到身心放松的状态来做到情绪专注。

熬了最久的夜,学了最差的习

情绪专注的核心是情绪要放松。

有些同学在学习的时候,的确是非常努力。但是努力的方式出现了一点小问题。比如为了尽快提升学习成绩,给自己设置了超重的学习任务,并用长时间刷题的方式来训练自己的做题能力。

放假的时候看书能看一天，做题能做一天，平时课间休息时也不出去玩，每天都要熬到凌晨才肯入睡。

从当时的效果看，当天的收获肯定是很大的。

但是，人的大脑在长时间、高强度地进行一项任务的时候，会很快达到疲倦的状态。从科学角度来说，当人的大脑在疲倦的时候，对学习内容的理解和消化能力也会随之下降。

也就是说，你打了时间战，用消耗大量时间的方式去赶超别人，看似你完成的学习任务量非常大，但是你是在身心疲累的状态下完成的。这样产生的结果，和你在身心放松的状态下能够消化、吸收的知识量差别其实非常大。

所以说，学习时间长，学习效果并不一定好。不如尝试去调整好自己的身心状态，才有可能更好地去应对高强度的学习任务。

巧用工具，劳逸结合

当然了，为了让同学们提醒自己劳逸结合，我们可以尝试用拆分任务的方式去安排学习时间，比如可以借用番茄学习法。

番茄学习法是由弗朗西斯科·西里洛创立的一种时间管理方法，这种方法可以快速帮助使用者集中注意力，提高学习和工作的效率。这个方法的推崇者非常多，有很多500强企业的员工都在使用这种方法。

具体步骤：

① 把学习的时间分成若干个番茄时间，也就是25分钟学

习 +5 分钟休息，每 4 个番茄时间后休息 25 分钟；

②把学习任务规划到番茄时间内；

③准备一个计时器，严格使用番茄时间；

④完成一个任务划掉一个任务。

番茄学习法的主要特点：其实就是把原有的一大块任务，拆开填充到不同的时间段内去完成，把之前的大任务拆分成小任务。很明显，这种方法特别适合那些需要自主完成的事情。因为从脑科学的角度来说，人维持精力和注意力的时长是有限的，加上人是有畏难情绪的。所以，任务拆分后，原本的大块头变成了阶段性的小目标，实行起来就会变得更加容易。

比如放学后写作业，看着眼前一堆作业无从下手，不如先拆分任务：在某个时间段做某一科作业，某一科作业的几项内容又可以拆分填充到哪几个时间段。这样写起作业来，感觉作业就没有那么多了。用了好的方法，才能产生理想中的效果。巧用工具，让你的情绪松弛下来，才能真正做到情绪专注。

三、打好地基：什么样的思维模型可以提升专注力

提升专注力的 3 个原则

一位哈佛脑科学博士及其团队为了掌握哈佛大学学生的学习秘籍，曾对哈佛的多位同学进行了为期三年的采访。后来发现，

这些学霸中的学霸，虽然学习方法、个人能力、家庭背景、教育背景不太相同，但他们都有一个共同的特点，就是有着非常高的专注力。

如果我们把提升专注力作为一个需要解决的问题，就让我们和第一性原理思维一起回到问题的根本。提升专注力就是建立一套内在秩序，而这套内在秩序的根本是形成良好的习惯，排除所有的干扰，专注于自身，让自身的情绪、思维状态都达到最佳。在找到这个根本后，就可以从各个路径出发使用演绎法找出相应的解决方法。在这里，我们把这些路径归纳为几个原则。

合理分配学习时间的原则

前面两节我们曾提到，专注于自身并且情绪也能达到最佳状态的时候，学习效率会非常高。既然如此，我们就可以把需要高效率完成的学习任务安排在我们更能专注于自身并且情绪也更能达到最佳状态的时间段。上完一天的课后，坐到课桌前非常疲惫。这个时候不要着急开始写作业，可以先调整一下自己的状态，再去完成学习任务。

● 利用好大脑黄金时间

正常情况下，大多数同学在早上更容易集中精力，那就把需要用到高强度注意力的学习任务安排到早上。

经过一晚上的睡眠和放松，相对于整个白天，早晨起床后的2～3小时，大脑会更为清醒，也更为活跃。而且经过一晚上的睡眠，此刻大脑处于清空状态，极度放松。所以同学们在早上除了晨读之外，也可以利用间隙时间，用此刻清醒、放松的大脑去梳理今天的学习任务。利用好这段黄金时间，才能把学习效果最优化。

- 用四象限思维合理规划学习任务

合理利用大脑黄金时间后，我们还可以借助别的方法分配一天或者一个阶段的学习任务。我们知道，在所有的学习任务中，并非每一项都是紧急且重要的。这里我们通过四象限思维模型来探讨如何对自己的学习任务进行合理布局。

史蒂芬·柯维在其著作《高效能人士的7个习惯》中曾提出过"四象限法"。他按照事情的紧急程度，把事件分为紧急和不紧急，按照重要程度分为重要和不重要，再根据重要和紧急程度的搭配划分为四个象限。如图4-1所示。

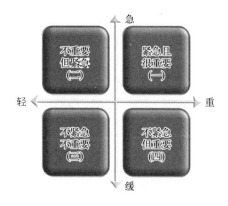

图4-1 四象限图

紧急的事拖不得，需要立马解决，但因为时间太赶，又不容我们仔细思考，所以会消耗大量精力；重要的事一般和目标有关，会很有价值，所以需要自制力和主动性一起配合去完成。

老师布置第二天要交的作业属于第一象限；日常阅读输入属于第四象限；睡前在学习群内打卡当天的任务完成情况属于第二象限；现在使用的笔是绿色的，需要买一个紫色的，这属于第三象限。

在学习中，可以给自己按四象限列任务，先做第一、第四象限的任务，考虑是否可以忽略或者简化第二、第三象限的任务。但也要注意，四象限思维是要有参照物的，比如参照时间、参照目标等。对应不同的时间、不同的目标，归纳四象限的方法也不一致。日常学习时，完成当天的课后作业属于第一象限任务，但当参照物时间、目标发生改变，比如考试时要提高答题效率，那么这个时候调整心态、重看错题本、梳理一遍笔记就会变成第一象限的任务。

总之在需要你高强度专注的时间里，就只做需要高强度专注的事；在不需要高强度专注的时间里，就做一些不需要高强度专注的事。例如，整理学习资料，这些就是不太需要太强专注力就可以去做的事，就不要把它放到第一、第二象限里。总之，你的时间分块与你的专注力分块应是相对应的。

同学们，无论如何，请一定要记住一点：不要逼自己时时刻刻都要高度集中注意力去做与学习相关的事，而是应根据你的注意力时间曲线，去相对应地安排你的学习任务，这才是提高专注力和学习效率的根本方法。

专注力结合休息原则

- 在注意力不集中前要及时休息

及时察觉自己的身体状态也是一种学习能力。无论是大脑还是情绪,都无法长时间保持最佳状态。要善于察觉自身状态的低谷期,及时休息给身体充电。正如有句话所说:"适当的休息,是为了让我们能够更好地出发。"

所以,我要在这里建议同学们,在制订学习计划的时候,不仅要规划学习时间,也要规划休息时间。很多同学,只把注意力放在了努力学习上,却忽视了身体不适的警灯。劳逸结合,才能有精力去挑战更高的山峰。

- 你的大脑并没有休息

《高效休息法》(日贺谷亮著)中提到:我们的大脑,具有可以通过自我调节而变化的特质,也就是说我们的大脑是有可塑性的。

当你对大脑进行干预时,其实就是在使用正念缓解脑疲劳。

同学们应该都有过类似体会:在放假或者放学后的某一段时间,你可能什么都没有做,但是却依然觉得很累,而且这种累的状态主要集中在心理和情绪上,这个时候你的大脑就处于一种疲怠状态。那为什么会这样呢？因为我们的大脑在什么都不做的时候，也在消耗能量。

美国华盛顿大学的神经学学者曾提出过一个大脑预设模式网络的说法，也就是DMN（大脑的默认网络），指的是由大脑内侧前额叶皮质后扣带皮质、楔前叶、顶下小叶等构成的脑回路。简单来说，就是你的大脑，在看似进入放松状态时，依然在运转，并且在持续消耗你的能量。

也可以这样理解：这会儿你并没有在看书，你觉得你在让大脑休息，但其实你的大脑还在运行。

书中还提出："DMN的能量消耗占我们大脑总能量消耗的60%～80%。这样来看，只要DMN在运作，我们的大脑就得不到休息。"

● 正念休息法

那怎么样才能让我们的大脑得到充分的休息呢？同学们可以尝试使用正念休息法。

简单解释：正念，就是我们不加任何评价或判断，只关注当下感受的一种状态。比如我们在休息的时候，不要刻意地去清空我们的大脑，你越想清空，大脑就越会跟你对着干。所以不如把专注力只放在当下，比如我们在课间休息的时候，可以闭眼去感受自己的呼吸，只把专注力放在呼吸上。

只有当大脑足够专注的时候，才会得到真正的放松。同学们可以仔细回想一下，当你开始集中注意力，专注于一道难题，并最终把它做出来的时候，是不是会有一种酣畅淋漓的感觉，而不是疲惫感。这其实就是专注，也就是正念的积极作用。你把注意力集中在一个点上，就会消除掉其他的杂念，这种状态会让大脑得到放松。

- 待机中的大脑

但在真实的学习过程中，我们很难做到时时刻刻地专注，就像我们很难做到时刻让大脑保持高度兴奋的状态一样。所以要通过训练让我们对大脑拥有更多控制力，也叫复原力。

在积极心理学中，复原力指的是应对内心压力的力量。

现在的学生学习压力很大，这是客观事实，很难去改变。那么怎么去缓解这个问题，就需要靠我们自己了。也就是我们之前一直在说的，学习的本质是自学，学习的第一性原理，是建立我们的自学系统。所以，想让你的大脑能够做到持续专注，就需要我们去习得大脑的复原力。

那么怎么能提高大脑的复原力呢？

第一，保持乐观。学习本身就是一件迎难而上的事，在朝前走的过程中，路上会遇到硌脚的沙子、陷足的泥泞……各种意外和问题都会存在。与其沮丧，不如用乐观的心态积极应对。

第二，把每一个困难都当作成长的机会。对于偶尔出现的一次成绩下滑，与其陷入负面情绪，不如去思考成绩下滑的根本原因在哪里，下次如何避免这个问题的出现。

● 好好睡一觉

我知道很多同学为了努力学习，每天都睡得很晚，有的同学在面临中考、高考时，甚至每天的睡眠时间连六个小时都无法保证。可如果休息时间不够，大脑就无法得到放松，第二天学习时的专注力就会大打折扣。专注力差，学习效果就差，可你为了完成计划内的学习任务，可能还会继续晚睡。如此一段时间后，身心俱疲，得不偿失。

其实同学们如果仔细观察就会发现，那些真正会学习的同学，会把精力更多地花在寻找更高效的学习方法上，用更高效的学习方法提升学习效率，而不是一味地去靠缩短睡眠时间来提高学习成绩。

所以说，让你的大脑得到充分休息，保持最好的状态，才是提升专注力的最佳方式。

先提高学习效率，再提高专注力

既然第一性原理是符合演绎法的，那我们在提高专注力时也同样应该符合演绎法。我们把提高专注力作为一个大前提，提高学习效率作为目的。那么我们反过来看，学习效率的提高，是不是也会导致专注力的提高呢？

比如，想要把之前完成一张试卷的时间缩短，那就要找出相应的缩短答题时间的方法，比如重新规划答题顺序、答题的分配时间……也就是说，当你想提高学习效率的时候，需要创造一些条件，这个创造条件的过程，其实就是提高专注力的过程。

- 转换娱乐思维

娱乐分为两种：一种是高强度回馈型娱乐；一种是低强度回馈型娱乐。比如刷手机、玩游戏这些就属于高强度回馈型娱乐，它可以让我们在短时间内快速获得愉悦感，但同时也在极大地消耗着我们的情绪和精力。户外运动、读书、演奏乐器、下棋，这些都属于低强度回馈型娱乐。低强度的回馈型娱乐在让我们得到放松的同时，不会过多地消耗我们的情绪和精力。前者需要的是持续的短期专注力，后者需要的是持续的长期专注力。很明显，后者对我们提升专注力的效果会更好，帮助会更大。这也是为什么很多学习方法中都不推荐把玩手机作为放松方式的原因。

- 专注的落脚点是具体化

从小到大，家长都对我们说要好好学习，上课认真听讲，可是这对很多同学来说很难做到。因为好好学习、认真听讲是一个很大的概念，它不是一个具体的概念。大脑指挥我们去行动的时候，需要明确的指令，比如把笔拿上，眼睛盯着黑板，听到不懂的就勾画出来。这些实际的行动，其实就是让我们做到眼到、口到、心到。所以，指令越清晰，我们的思考和行动就会越同步，越有利于做到专注。

四、保持怀疑：从表象出发找出 8 个为什么

使用第一性原理思维需要排除干扰，从本质出发来找寻解决问题的方法。那么本节在论述专注力时，依然会使用这种方法，剖开表象，回到专注力本身，找出相关问题。所以，如果你还不确定自己的专注力问题出现在哪里，可以先问问自己这 8 个为什么？

为什么学习某门学科时，你会更专注

在我的学生里，几乎有 80% 的学生都会有偏科的现象。比如男生喜欢理科，女生喜欢文科；有些人喜欢语文，有些人喜欢英语，还有人喜欢物理或者数学。那么我们会发现，对于更偏爱的那门学科，你在做作业和学习的时候，投入的精力会更集中。

其实这是因为我们在脑海中给自己建造了一个积极的愿景，也就是说，我们用兴趣在推动着自己对这门学科的专注力。你的兴趣在哪里，你就愿意多花时间和精力在哪里。你的兴趣在哪门

学科，你在学习这门学科时，就会产生非常强的专注力。但是，考试考的是我们的综合学习的能力。所以想要改变偏科的情况，我们可以利用一下自己偏科产生的兴趣，这句话是不是有点难懂？已经偏科了，怎么还利用偏科产生的兴趣解决偏科的问题呢？别急，我们举例来说明。

比如有些同学不太喜欢英语，那么你在学习英语的时候就可以骗骗自己，假装自己喜欢英语，期待英语课，这么一假装，是不是就好像有点积极性了？再比如，在打开英语课本的时候，先调整自己的情绪状态，把"要去做什么"，转换成"期待做什么"，然后再开始学，而不是用对抗的状态去面对接下来要做的事。这样你在学习你并不太喜欢的学科的时候，对抗心理就不会有那么强了。其实这就是从改变我们自己的心理状态出发，来改变学习态度，如图4-2所示。

图4-2 转换心理状态

为什么要从最近的目标任务出发

我们在学习的时候会发现,一旦学习任务的难度系数定得太高,周期太长,你的任务完成度就会降低。相反,你的任务难度系数越低,周期越短,你的任务完成度就会提高。其实这都和你的专注力有关。

因为人的专注力是有限的,没有任何人可以保证24小时始终保持专注状态。所以在学习过程中,制订学习规划时设置的任务难度系数不要太高,可以从最近的、你最容易达到的目标出发。

阶段性目标往往比长期目标更容易实现。

为什么从目的出发,而不是从怎么开始出发

有句话说:"越痛苦越成长。"这句话放到学习中,也是成立的。

如果只从兴趣出发,只从自己的舒适区出发,从某个角度来说,确实会提高学习的兴趣。但是,在实际学习过程中,我们更多时候要面对的是我们不喜欢的一些学科,或者说是对我们而言比较难的一些学习内容。这个时候就需要我们化繁为简,不要一味地沉迷于各种学习方法,而是要明确我们的学习目标、学习目的。

比如通过这节课的学习,我们要学到什么样的知识,这一门学科我们在学期末要提升多少分的成绩。再往细划分,比如今天

的这张试卷，我们要做对多少道题，每天必须背多少个英语单词。对于某些我们真的没兴趣的学科，我们可以更多地去明确学习它的目的，而不是把力气花在怎么鼓励自己开始上。这其实也是一种转换注意力的方式，当你在某件事情上感觉有难度的时候，就把关注点切换一下。

为什么要设置正向奖励

在之前的内容中我们提到过，完成阶段性目标的时候，要给自己正向的回馈，比如一些奖励。完成小目标，可以设置小奖励；完成大目标，可以设置大奖励。这其实也是在通过看到结果的方式，倒逼我们去努力。

为什么要把梦想和学习结合起来

每个同学都有自己的梦想。比如有些同学想当科学家，有些想当作家，有些呢，想当数学家。那么我们要问自己一个问题："你的梦想和你现在学习的内容有没有联系？"比如你想要当一个作家，那么从现在开始，你就需要大量地阅读，提升你的语言运用能力；比如你想要当一个数学家，就要在学习定理、公式时，了解更多它们背后的推理过程。

为什么专注力需要刻意练习

提升专注力，不是一朝一夕的事，相反，是需要进行刻意练习的。我们可以通过以下几个步骤去练习。

● 第一个步骤，先找出你专注力强的时间段，或者说某一次专注力强的时间段。

● 第二个步骤，拆分它，分析自己在做这件事或者在这个时间段中，为什么专注力会比较强？是因为兴趣使然，还是因为精力重组，具体是什么原因，罗列出来。

● 第三个步骤，如果是某个时间段内你的学习专注力强，那么，就多在这个时间段去进行高强度的学习。如果是在做某一件事的时候专注力强，那么就仔细回忆你做这件事时的心态、状态是什么样子的？你的外部条件、环境是什么样子的？复制它。

● 第四个步骤，反复练习，反复实践。

通过前三个步骤我们基本可以找到适合自己提升专注力的方法，然后就是反复地练习、实践。只有你的专注力得到质的提升，才能为你的学习带来更好的效果。

为什么要使用思维导图来提升专注力

在学习中，很多学习方法都会提到思维导图。其实思维导图也可以用来提升我们的专注力，它的原理是让我们的手和脑更好地相互配合。我们可以试想一下，学习成绩相似的两个学生一起上课，一个边听讲，边记笔记；另一个只听讲，不记笔记。通常情况下，谁的学习效率会更高呢？

为什么学习时不要分散关注点

有句调侃是这么说的:"差生文具多。"这是句玩笑话,但也不无道理,现在很多同学,往往不是学习资料不够充足,而是学习资料太多,但就是不看;不是学习计划做得不好,而是学习计划做得又多又好,但就是不执行。所以,太多的东西其实没用,把真正会使用的留下就好。把与学习无关的东西尽可能地收起来,或者你也可以养成习惯,让自己的书桌不被各类无关书籍、小吃零食和电子产品所占据。

这些东西无形中都会分散你的注意力,当你的关注点只有一个的时候,你的目标也会非常明确;但当你的关注点非常杂、非常多的时候,注意力很容易被分散。

五、多重预测:从本质出发

把专注力的特点与学习方法相结合

当我们使用第一性原理回到专注力的本质,从专注力的本质出发,找出背后的各种问题之后,接下来就要找到解决问题的方法。

找到专注力高峰

有人曾对专注力进行研究发现:专注力的高峰持续时间一般可划分为15分钟、45分钟和90分钟。

那么我们就可以利用好这个峰值的时间划分去安排学习，比如课后的学习时间，我们可以 15 分钟作为一个小的单位时间，学习 15 分钟之后，让自己稍微休息一下。至于在课堂上我们依然以 45 分钟为主，45 分钟之后在课间休息时让自己的大脑适当放松。而 90 分钟，据说是我们保持高度专注力的极限时间。那么同学们在做试卷的时候就可以使用这个时间去划分，争取在 90 分钟内做完一套试卷，且在这 90 分钟内不做其他与试卷无关的行为。

快速进入心无旁骛的状态

- 屏蔽无关信息

在学习时，不要让与学习无关的东西出现。屏蔽与当下学习任务无关的所有东西，包括声音。

- 找出适合自己的休息时段

比如，每隔半个小时喝水，伸懒腰打哈欠，放松眼睛。不做与短暂休息无关的行为。

- 设置学习进度条

把我们的一项学习任务按进度条的形式去展现，把它的完成度明确地标注出来，让你的学习进度有一个清晰的展示。

- 只在自己的舒适区内提升

在定学习任务的时候，可以定的比自己的实际水平略高一些，比如说你当前的学习能力是 1，那么可以定 1+1 的难度，但不要贸然尝试 1+2 的难度。

认清自己在学习中的心理劣势

其实你根本不想努力

相对于每天只喜欢刷手机，不愿意去学习的同学，有另一类学生让我感到更加心痛。这类学生，他们知道学习的重要性，也会想努力、认真地学习，但是在实际学习的过程中，却很难让自己的精力达到专注的状态。常常是写着写着就走神儿了，或者写一会儿作业，刷一会儿手机；写一会儿作业，去瞄两眼游戏。总之有心去专注，却很难在实际行动中做到专注。然后突然发现时间已经流逝，学习任务也没有完成。但是当他再次开始学习的时候，他依然会重复之前的状态，并无限循环。

在这里我想跟同学们说的是："不想努力，是一种非常正常的想法，是每个人都会出现的情况，所以不要太自责，给自己太大压力。"

就像有的同学说的："手机里明明什么都没有，但就是想每个 APP 都点进去看一下，这个看几眼，那个看几眼，一两个小时就过去了。"很多同学都对这样的自己很厌恶，但又控制不好自己，觉得很难改变，真的无法改变吗？当然不是。

我们要正视自己的负面想法。

玩手机的时候，我们并不是一定要通过手机获得什么信息，更多的时候，只是在逃避学习，确切地说是逃避主动学习的这个过程。

这是人的本性，并不代表你不够好。

第一性原理的原则是要回到事物的本质，当你的专注力不能达到最佳状态的时候，我们就应该回到事情的本质去思考：你是不是在排斥这件事？

我们不需要自责和焦虑，尤其是像有些同学：间歇性努力，持续性崩溃。之前我们在讲到沉没成本的时候谈到，其实你浪费的这些时间已经成为过去的沉没成本，但是当你一直沉浸在这种负面情绪中的时候，这种情绪除了让你更加焦虑，并不能为你带来什么实质性的改变。

所以说，当你出现了一些负面行为的时候，一定先要接纳，只有当你认可自己也会有一些负面情绪、负面心理的时候，才能去做出改变，而不是去对抗它、逃避它。

不能控制的大脑

每位同学几乎都会出现的情况：放假前，列好了各种假期计划，想着一定要利用假期，好好努力，实现弯道超车、质的飞跃，可是一等到真正放假后，基本心理状态都是这样的：

- 终于可以放松了,先放松一天,明天再开始吧;
- 第二天,嗯……昨天还没放松好呢,怎么就结束了,再放松一天吧,明天一定要开始;
- 第三天,算了,我先休息一周,毕竟,学习一学期了,该好好地放松一下,一周之后一定开始……
- 一周后,打开作业本,这些题我十天就能完成;
- 开学前五天,不会吧,马上就要开学了,赶快开始补作业……

其实这些思想过程不止出现在假期里,平时也会有。比如刚考完试,发现自己的成绩有所下降,心里想着该努力了。结果书一翻开……先玩会儿手机吧;啊,还有一盘游戏没有打完呢……上课的时候,想着这节课一定要认真听讲,结果听着听着,脑子里突然想起上课前和同桌聊过的天,或者想起早上上学时妈妈对自己说的话……

觉得自己应该学习的时候,却没有做到立刻去学习;觉得自己该及时完成作业的时候,却没有做到立即完成作业;觉得自己该认真的时候,却没有做到立即进入状态;明明知道这样做是不对的,但就是控制不住自己。

动机心理学有研究称:"大脑做的所有决定,都会遵循享乐原则。"也就是说,大脑会主动去选择那些让它感受到快乐的事。所以说大脑做出的选择,不一定是你本身想要做出的选择,这就是为什么我们的想法和我们的行动经常是相互背离的。

有本书曾写道,当你的大脑经常受到高强度刺激时,会一直处于消耗状态,也就是说,你的大脑在这种环境下会非常容易累。

当它感觉到累的时候,就会想要休息,这个时候你如果还想去学习,它就会和你产生对抗。

既然生理规律如此,我们就要遵循大脑获得快乐的途径,先去满足大脑的需求。

心理学认为,大脑会把早上醒来后获得的快乐作为一天的快乐标准,也就是说,你早上起来做的第一件事情,将会成为你这一天里大脑获得快乐的范本。

如果你早上醒来第一件事就是玩一会儿手机,那么你给大脑储存的第一条信息就是玩手机是能让你获得快乐的事,那么大脑接下来就会以这个为依据来面对白天发生的所有事。所以,当你去做比玩手机要枯燥的事,比如阅读、做习题的时候,大脑就会自动向你的身体发送指令:这件事情它不喜欢,需要立即停止。

这也是为什么很多同学都会发现,将每天早起第一件事改为晨读之后,一天都会有一种神清气爽的感觉。

所以说,把握好起床之后的第一个小时,就是把握了你一整天的情绪状态。

只培养小习惯

前面我们说了,不要试图控制你的大脑,而是要顺应你大脑的生理规则,和它达成合作。培养习惯也是同样的道理,我们经常会看到很多培养习惯的书。有很多同学也会给自己设置培养习惯的任务,比如坚持每天背诵多少个单词,坚持每天要阅读多长时间，坚持每天要做多长时间的习题。可对于大多数同学来说，这些任务都很难一直坚持下去。

从信心满满到再也不提，基本不会超过一个月。还有些同学，一周都很难坚持。

打卡养成习惯这件事，我一直都不太建议同学们去做。为什么呢？因为打卡这个行为，我们最初的目的是让自己养成习惯，但很多时候我们最终会沉迷于单纯的打卡行为。也就是说打卡这个行为最后会演变成我们今天不是要完成这个学习任务，而是要打个卡，做个标记。

作为老师，我也曾组织过很多类似的打卡活动，但都无疾而终。就算勉勉强强坚持下来，到最后大家的状态也都和刚开始时不一样了。其实这个改变，是有迹可循的。我们说过，大脑是很聪明的，不要试图去欺骗它。因为一旦你把学习任务规划成一个打卡行为后，你的大脑会觉得又多了一件事，在学习以外还要打卡，大脑会自动认为工作量增加了，会开始产生抗拒反应，同时对能刺激到它、让它感到快乐的行为，表示出更多欢迎的倾向。

所以说，我们在培养学习习惯的时候，与其把培养习惯作为一个打卡任务，不如反过来用，用目标激励我们培养出好的学习习惯。

● 第一，放大我们的目标，自始至终用目标激励我们每天的行为，给自己设置一个期望和愿景。强调：我们每天所做的这件养成习惯的事是为了达成自己心中的期望和愿景而做的，而不是为了每天必须要完成多少的任务量而去做的。

● 第二，我们可以将每天的任务进行拆分。可以给自己建立一些微习惯，什么是微习惯？就是一些小到几乎不可能失败的习惯。比如，你每天给自己设定的晨读时间，一开始你设置了半个小时，但这个任务量会让我们觉得不小，那我们就可以把这每一天的 30 分钟拆分成前三分钟和后 27 分钟。先开始晨读三分钟，晨读完三分钟，如果你的状态不好，不足以支持你完成后面的 27 分钟，那就停止晨读，不要给自己太大压力，三分钟，也是有晨读的一天，先从培养晨读的习惯开始。

松一松皮筋

虽然说专注力对我们的学习帮助非常大，但也不意味着我们要一直保持着高强度的专注力，也不意味着我们在做任何事情的时候，一定要求自己必须要做到专注。接纳专注的自己，也要接纳不专注的自己。

我们说了，专注力会受你自身状态的影响，比如自身的学习水平、学习能力，包括你的身心状态、情绪状态，甚至父母和你的沟通氛围，这些都会影响到你的专注力。而且它还会和课堂教学、课堂氛围、老师的教学风格有关，甚至还和我们的学习环境、季节变化有关。所以说，当你自己感觉到因为状态不佳或者受外界影响出现了无法集中注意力的时候，停下来，给自己一些缓冲。即使没有按照要求和计划完成任务，也可以弹性地去调整一下学习安排。

总之一句话，我们说了学习的第一性原理是构建我们的自学系统，那么在自学系统里面，你本身才是最重要的；适合你自己的学习方法、学习节奏、培养专注力的方法，才是最重要的。

六、心流体验：让身心进入最佳状态

学习中的忘我状态

任何问题都可以通过第一性原理回到本质来解决。专注力的本质是构建内在秩序，而内在秩序的实施主体是自我。

所以说，我们在回到本质后，从本质出发，寻找各个分支路径去解决问题的时候，要从自身出发找出适合自己的提升专注力的方法。前面一直讲的所有的提升专注力的方法，都注重在方法的层面，那么在本章的最后一节我们就从更高的维度，来学习如何从根本上解决我们的专注力问题。

这几年，内耗、焦虑、抑郁这些词，出现的频率很高。

从青少年发展心理学的角度来说，我们在成长的过程中，会遇到学业的压力、自身成长的压力、社会情感的压力……如果同学们不能更好地处理这些压力，这些压力就会形成负面情绪，拖垮我们自己。

积极心理学奠基人之一米哈里在他的著作《心流》中曾说："当人在面对诸多负面信息的时候，必须找到一项长久凝聚自己注意力的活动。"这其实和我们前面所说的建立内在秩序是相通的。人的整个意识系统都有着自己的内在运行规律，当它处于无序的状态时，你就会感到焦虑和烦躁。

好的状态才能产生好的学习效果；焦虑和烦躁的状态必然会影响你的学习效果。这也就是为什么我们一直在强调一定要找到自己的内在秩序，并完善自己的内在秩序。

这个内在秩序不只是生理层面，还有精神层面。

有研究数据统计，这几年，随着社交媒体的发展，青少年接收各类信息的渠道变得越来越多，获得的信息量也变得越来越大。可是，在以学习为主的阶段，接触过多的资讯真的是好事吗？这些信息不会削弱我们对自己内心目标的专注吗？同学们可以回想一下，当你在看书，或者学习，或者做作业的时候，你脑中活跃的信息越多，或者你在这一刻接收的信息越多，是否你就越难达到精神层面的专注。心理学家把这种内在的精神消耗状态称为精神熵，相反的状态则被称为心流。

当你在做某件事的时候，完全忘记了时间甚至听不见周围的声音，身心都达到高度一致的专注状态，在完成这件事之后有一种酣畅淋漓的感觉，那么这种状态就被称为心流状态。当你在达到这种状态的时候，你会发现完成事情的效率会出奇的高，不但不会感觉到疲累，还会产生强烈的成就感和满足感。

同学们可以做个记录，记录下是在什么情况下，哪一件事情让你体验过这种状态？当时你的感受是什么？你是否可以再次进入这种状态？

在学习中使用心流状态

既然这种状态能够让我们获得更好的学习效果，那么我们怎样才能让自己更好地利用这种状态，并且能够多进入这种状态呢？方法如下。

- 第一，做任何事情之前，都要明确自己的目标。目标，就像山峰，只有当我们的目标明确，我们在爬山的过程中才会以这个目标为初心，这样才能集中精力。
- 第二，我们需要去除外界环境的干扰，比如创造安静的学习环境。
- 第三，一定要遵从自发自愿原则。在做任何事情、制定任何学习目标的时候，都要从自己喜欢的角度出发。如果兴趣不足怎么办？那就用前面讲到的微习惯法，用微习惯骗过你的大脑。
- 第四，从生理角度去训练。能产生心流体验的日常活动是体育运动。因为体育运动中产生的目标非常明确，并可以让你得到及时的回馈，所以，专注力不佳的同学们不妨放下课本，到操场上或户外，好好运动一会儿吧。

前面我们也曾写到，有些休闲方式将会影响你的专注力，进而影响你的学习效果。这些影响专注力的休闲方式一旦被养成习惯，就很难被改变。但如果你的休闲方式是参加体育运动，就会发现，运动是在帮助你从生理层面培养你的专注力。而且能让你领会心流的魅力，这样你在某件事情上产生的心流越多，就会越有兴趣；越有兴趣，就会产生越多的心流，进而形成一个正向循环。

这时，我们再回头看专注力的问题，提升专注力难吗？其实一点也不难，只要我们掌握第一性原理，重新构建自己的内在秩序，你的专注力自然就会越来越强。

第五章

实践

如何用第一性原理提升行动力

> 在打造我们的自学系统时,专注力是必要技能,行动力则是必要路径。通过阅读本章内容,读者将了解怎样使用第一性原理思维提升学习中的行动力。

一、问题根源：行动力弱

让你的手和脑动起来

选择待在舒适区的学生

"道理我都懂，但我就是做不到。"

以前我有一位学生，每天都愁眉苦脸，觉得自己不够努力，不够上进，学习成绩不够好。每天都说，希望自己能够努力一些、认真一些。可除了每天规划，每天畅想未来，就是没有实际行动。上课照常发呆，下课照常不写作业，课后也不会去复习或者预习。总之就是除了嘴之外，哪哪都不勤快。

如果他能行动一点，就能前进一点，哪怕只是背一个知识点，一旦这个知识点正好出现在考试中，那就意味着成绩有可能会进步一点。可事实是：他不会这样做。这样的学生让人觉得非常可惜，他很清楚自己的现状，但就是不愿意往前迈一步。

更让人可惜的是，我见过很多这样的学生，可以说，有一大半的同学都属于这一类：什么都知道，什么道理都懂，但就是迟迟没有行动。

行动力弱是学习中最大的拦路虎

那么，在学习中行动力非常强的学生是什么样的呢？

英国著名发明家瓦特，家里并不富裕，从小没有优渥的生活条件，导致身体瘦弱多病。家境贫寒让他无法和其他孩子一样接受良好的教育。可他在数学方面，天赋异禀，虽然中途无奈退学，但他依然坚持学习自己热爱的数学。在有了发明蒸汽机的想法之后，他没有只停留在想法层面，而是真正动手造出了几台蒸汽机。虽然最初的机器四处漏气，没有办法开动，但经过他一次次实践，一次次重新开始，一次次试验，历时三年，终于克服了各种困难，制造出了第一台能够运行的样机。

只有那些行动力强的人才会把自己知道的学习方法和知识付诸实践，然后在实践的过程中一遍遍地迭代、修正，渐渐形成适用于自己的高效自学体系。而那些行动力弱的人呢？他们只会永远停留在想法层面，眼看着别的同学一次次超越自己，却只能望洋兴叹，原地踏步。

老师上完一节课，行动力强的同学，立马会在课后复盘这节课的知识点，并在课后做作业时及时去检验自己是否将课堂内容消化了；而行动力弱的同学，在课后不会有任何的行动去巩固和检验新学的知识。这两者相比，最终的学习效果肯定会是天差地别。长久下去，差距会越来越大。学习毕竟不是一时的事，它是长久积累的结果。

行动力缺失的本质，不是你不够自律

当你能意识到行动力不足的时候，其实你已经有意识地开始自律了。

这时候你真正缺的是清晰的蓝图，这个蓝图一般由以下三块组成：

● 第一是我们要有明确的目标，知道我们是为什么而行动，我们行动之后的结果是什么。

● 第二是有可执行的计划，也就是说你的这个行动方案是可以落实的。人的大脑都是有畏难情绪的，也是很狡猾的，当它发现，你要做的事和你当前的能力或现状不匹配的时候，就会悄悄暗示你知难而退。虽然你的意识告诉你，你想要去挑战它，但是你的大脑会告诉你，你的能力目前与之并不匹配。这个时候它就会以潜意识的方式去阻挠你的行动。如果持续这样，几次之后你的行动力就会变弱。

● 第三是我们经常在讲的，要有及时的不间断的反馈。同学们应该都有过类似的经验，从小到大在成长的过程中，你得到的来自外界的肯定和鼓励越多，你前进的动力就越足，其实这就是一个不间断的正向反馈。

用逻辑提升行动力

"知道"和"做到"之间永远隔着千山万水。

你要知道，什么对当下的自己是重要的，它为什么重要，重要的原因是什么。因为重要而产生的结果是什么？你不做这件重要的事，又会导致什么样的后果？这件事情与你当前的能力、当前的状态是否匹配？你制订的这个学习计划能不能落实到位？你的潜意识给你的反馈是什么？你在行动的过程中，是否会收到正向的反馈？这个正向反馈是否是不间断的？这些对提升行动力都极为重要。

提升行动力不是说让你一定要立刻就做到某件事，也不是说要让你逼迫自己变得自律，而是要把你的目标清晰化，把你的目标拆分成可以落实的具体行动，并且在这个行动的过程中，让你可以持续地得到反馈。

那么同学们在给自己制订学习计划和进行日常学习安排的时候，就可以采用这个方法。先清空你的大脑，然后按照事情的轻重缓急，罗列出你需要做的事情，再把做这些事情的目的写出来，让目标能够更加清晰化。接下来针对每一个目标把它的任务步骤详细地罗列出来。这个过程非常重要，为什么这么说呢？因为你需要反复推导、思考自己是否能把它执行到位。在这里有一个原则，就是能力最小化原则，什么意思呢？假设你的最大能力是写完 5 页作业，最小能力是写完 1 页。那么给自己定计划的时候，就一定要落实到能力最小化，也就是写完 1 页这个任务。为什么呢？

- 第一，你完成得很容易，它没有什么难度；

- 第二，因为没有难度，所以你容易开始，你的潜意识不会偷偷扯你后腿；
- 第三，越容易完成，就越容易形成一个微习惯，让你可以持续下去。

最后，每完成一个任务都要有一个总结。短期的任务总结，以肯定自己的正向总结为主，多写一些自己的收获，多夸夸自己，给自己一点鼓励。而对于长期的任务，我们就可以多一些反思，不仅局限于正向的鼓励，也要针对长期任务的完成情况进行客观的总结，并且思考下一步计划。

只要你开始行动，慢慢地就会发现行动力带给你的收获。你的收获越多，你的行动力就会越强；而行动力越强，收获就越多，逐渐形成一个正向循环。

提升行动力，最害怕的就是你的所有计划都在脑海中。多动动手吧，把想法落在纸上，就是在一步步提升你的行动力。而在前面的章节中我们也提到过，我们要及时清空大脑中的碎片化信息和任务，因为碎片化的信息和任务会占据你的大脑内存，持续消耗你的大脑能量。看似你目前什么都没有想，但你的大脑依然在持续地运作、消耗，直到你在无意识中变得越来越累。

人的思绪是纷繁复杂的。同学们应该会发现：一件事，如果落到纸上，这件事就会变得非常清晰；但是当你在脑中想的时候，就不那么容易有条理。所以说，想得再多也不如落到纸上。

只有找出行动力弱的真正原因，才能真正做到提升和改变。希望同学们都行动起来，一点一点去提升自己的行动力。期待看到大家的改变和进步。

二、觉察自我：认清自我才能更好地反本能

所有能力的第一性原理都是回归自身，专注力如此，行动力也如此。

学习中，你也许只想急功近利

这是我要在这一节强调的第一个点。

我发现在我的学生中有一个特别有趣的现象，就是有些同学买了一大堆的书，但是翻看几乎都只停留在前几页，最多也就翻到前几十页。还有些同学，找了无数个补习的视频，或者相关专业老师发布的讲解视频，但是最后却一节也没有看完。还有些同学，从老师、同学那里以及介绍学习方法的书中，记录了很多提升学习能力和解决学习问题的方法，但是却一个也没有真正实践过。这些学生的共同点，就是喜欢囤很多与学习相关的东西，但都仅仅只是囤着，囤完就结束了。

我们把这种学生称为"假上进"的学生。他们看似很努力，

做了很多准备工作，但是所有的行为都只停留在准备阶段和囤积阶段，没有真正落实到实际的行动中去。

一开始，我觉得这些学生只是喜欢拖延，并不是不想做。但后来我发现，我错了，真的会有学生认为成功可以只靠想。

《被讨厌的勇气》一书中描述过这种心理，拥有这种心理的人不愿意开始行动的原因，是因为他们觉得只要自己不开始，就会维持住"一旦自己开始做，就必然会成功"的假象。

被忽视的时间复利

时间是有复利的，有产生正向结果的复利，也有产生负向结果的复利。

今天的这个时间段，你浪费了，囤积了一些没有解决的知识点，明天再囤积一些没有解决的知识点，不会的知识点就会越来越多。而且学习是有连贯性和系统性的，尤其是我们的初中和高中阶段，前面不会的越多，后面感觉到难的知识点也就会越多，从而越学越吃力。而如果你今天掌握了一个知识点，明天又掌握了一个知识点，不断累积，就会越学越轻松。

正如一句话所说的："从 0 到 10 很难，但从 10 到 100 却很容易。"如图 5-1 所示。

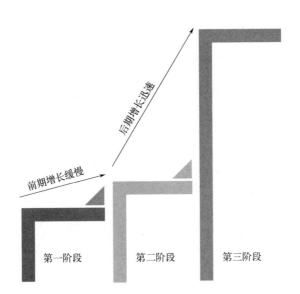

图 5-1　复利式增长

努力的过程最忌讳被量化

有句古语说:"但行好事,莫问前程。"学习也是一样的道理,我们的目标虽然很清晰,但不代表我们一定要把结果量化。

学习不是一件能够急功近利的事,你越着急,反噬可能会越大,还会让你越变得焦虑。所以,明确目标后一点一点去行动就好,无论是否能够如期完成目标,至少行动了,那就离目标不远了。

你的每一个想清楚都是在拖延

之前有学生问过我一个问题:"老师,我们现在学习的很多东西将来几乎都用不上,为什么我们还要去学习它呢?"

这里有一个逻辑顺序问题。很多时候不是你学的这个东西没用,也不是因为你以后有可能用不到它所以不需要去学。而是你学了这个东西之后才会发现,哪里能用得到。因为你学了它,你的成长路线才会被改变,你的未来才会有更多可能。而不是你现在去想,这个东西学还是不学。就像有很多的同学不太喜欢英语,总觉得以后有翻译软件用不着自己学习。可是未来真的用不到英语吗?还是你在给自己找不学习英语的借口?现实往往是当你学好英语之后,和英语有关的这条赛道才会为你打开。

人是有认知层次的,当你局限在某一种认知层次的时候,你是看不到更高层次的东西的,在我们当前的学生阶段,我们对这个世界的了解大部分来自于书本,其次来自于我们的经历,或者我们所能接收到的一些网络信息。但这些与整个世界相比,就像大海里的一滴水,太微不足道了。

所以当你的认知没有提高到某一个更高层次的时候,就不要过早做出判断,而是先做好当下的事。在你做好当下的事之后就会发现,有时候不是你做得太多,而是你想得太多了。

当你想得越多,你就越会美化自己的能力。就像我们有句话说的:"越学越觉得自己很多都不会,越不学越觉得自己啥都会。"为什么会有这种现象呢?当你把行动停留在想象阶段的时候,你会觉得这件事是非常容易的,就像有些同学总觉得并不是自己考不到一百分,而是自己没有努力,只要自己轻轻松松努力一下,就可以拿到一百分。可是在真正的学霸眼里，考试成绩提高一两分都不是一件容易的事，他们在实际的行动过程中，深知很多事情并没有表面上看到的那么容易，当他们了解得越多，他们就越会发现，学习不容易。

所以说只有持续行动，时间才能给你答案。拖延，除了让你沉迷于幻想中的假象，解决不了任何实际问题。

三、持续精进：形成自动化学习能力

你的行动力不强，是因为你练习得还不够

用第一性原理打造学习能力的时候，要培养的是自学的能力，培养行动力也离不开这一点。我们培养自己的行动力，最终的结果是希望能够养成一个习惯，让我们能够自动化地学习。有人说，很多人都是思想上的巨人，行动上的矮子。用这句话可以形容很多同学当下的状态。其实作为老师，教了这么多学生，我特别理解，并不是学生不想变好，也不是他们不想行动，而是他们什么都知道，但却很难做到。

教育心理学中普遍认为儿童有成就卓越的天性，也就是说，想要变得更优秀，想让自己变得更好，是每一个青少年的内在需求。

有些学生和我聊过，他们看到自己身边的同学比自己优秀

的时候，也会很焦虑，也会很想努力，很想超越他们，但就是不知道该怎么去做，该从哪开始。原因是什么呢？不知道同学们有没有想过一件事，当你总在说自己行动力不强的时候，是不是可以反思一下自己行动过多少呢？或者说你脑海中的想法有多少？你真正落实到实践中的又有多少呢？是不是你一直在寻求提升行动力的方法，却从来没有真正地行动过呢？

　　一个不会骑自行车的人远远看到别人在骑自行车，首先内心会觉得这并不难，只要把手放在车把上就可以了。可是在真正骑车的过程中，你就会发现，实际掌控车子并不容易，重心不稳，方向控制不好，速度也不能快，稍微一紧张还容易摔倒。那么你可以回想一下，在小时候你遇到这种状况的时候是怎么解决的呢？换句话说你最终是怎么学会骑自行车的呢？练习，大量的练习，而且是大量重复的练习。这其实就是把我们的想法和行动结合在一起了，让它们产生了一个强有力的关联。

　　我们在学习的时候也是一样，我们要提升某项学习技能，首先你要知道，它是没有办法自动形成一个反馈闭环的，只有经过大量的练习，让你的大脑神经元形成一个非常强的关联，才能形成一个有效的闭环。

　　就像今天在读这本书的你，可能读到这里，基本对学习力、专注力、行动力都有了大致的了解，感觉自己好像掌握了这些规律，可以完全应用自如了。但事实真的如此吗？

- 这就像我们每次考试，在考场上怎么也做不出来的题，冥思苦想也找不到解题方法，可是在试卷发下来，老师讲解答案的时候，就会有种恍然大悟的感觉，不禁发问我当时怎么没想到呀？这太简单了吧，原来是我疏忽了。

● 或者日常在做习题的时候，怎么都解不出的问题，可在翻到参考答案的那一瞬间，立马就有顿悟的感觉，觉得自己一下子就明白了。

其实这些现象都是同样的道理，就是你大脑里面的认知和你的行动没有形成一个强关联。老师讲的内容你知道，但是当你再次使用这种解题方法的时候，却发现自己根本就没有掌握透彻。

其实很多同学在学习的过程中都会满足于这种"拥有"或者"知道"的阶段。

就像有些学生的书桌上或者课桌里会有很多参考书，在买书的那一刻，你可能觉得自己状态非常好，买的书越多，就好像自己收获的知识越多。可是后来你发现书买来之后，你根本就不想读，买了大量的习题册，根本懒得翻开。明明心里很清楚，只有大量刻意练习才能形成条件反射，但就是不愿意行动，那再多的学习方法都只是书中或脑中的方法，对你不会有任何意义。

所以说当你下次再看到有关学习方法的内容的时候，或者说当你再次掌握到新的学习方法和学习技能的时候，不要仅仅满足于对这个信息的掌握。一定要先给自己泼一瓢冷水，告诉自己，这只意味着我知道，而不代表我已经学会使用。后面，我还需要大量地练习才能够真正掌握它。

不要怕自己做不好

一开始做不好，太正常了。

很多同学不愿意行动的一个重要原因，就是总觉得自己做不好，所以就想要放弃。

首先我们来看这句话，似乎表面看是对的，做不好，所以放弃了。但开始做不好，以后也做不好吗？当然不是。

前面我们说了，在学习任何学习方法和掌握任何学习技能的时候，都要在大量的反复实践中去练习。所以说一开始做不好是非常正常的，这并不意味着你的能力有问题，也不意味着你的方向有问题。

- 你读一年级的时候，做不出五年级的作业。
- 你没有学习动力学知识的时候，动力学的相关题目对你来说就犹如天书。

行动力强不是说你行动了立马就可以看到结果，要知道行动有可能暂时没有结果，只有保持持续的行动力，才会有结果。

还有一种同学，让我觉得非常可惜。他们只愿意对自己有兴趣和有天赋的学科，或者说是某学科内的一部分内容付诸行动。

可是学习是一项综合能力，至少就目前的初高中学习而言，考查的是学生全面学习的水平，而不只是针对你的某一个兴趣点的考查。所以这就要求学生各科要均衡发展，而不是只把行动力放在你的某个兴趣点上，造成偏科。

不要理想化你的行动结果

在这里要先说一些可能会打击同学们的话，行动，并不一定会产生你所期待的结果，也并不一定会如你所愿。

● 你每天早起晨读，但可能在实际的语文考试中，你的分数并不能得到很大的提高。

● 你每天都做五道理科题，结果在考试的时候发现，遇到类似的题目还是不会做。

前面我们说了，只有在行动之后才会发现，做好一件事其实是非常难的。行动也是如此，行动了并不一定会得到预期的结果。

这时候有些同学就想要放弃，觉得既然得不到想要的结果，行动也就没了意义。可是真的没有意义吗？你读的那些书、你做的那些习题，真的对你没有任何改变吗？当然不是。正如我们所说，一次考试不能决定所有，一次行动也不能决定所有。

只有持续的行动才能产生持续的结果。

四、环境前因：先有他律再有自律

他律先于自律

从字面意思来看，自律就是我们对自己的自我监督和约束。上课认真听讲，下课认真写作业，学习新课前进行预习，学习完新课后进行复习。而他律，从字面意思上来理解，就是需要借助他人的监督，给自己在无形中增加一些外界的压力和约束，让自己放弃找借口。

比如。

- 离开学还有好长一段时间，今天就不写作业了，明天再开始吧。
- 老师今天讲的这个内容太难了，没有理解透，要不放到明天再去问问老师吧。
- 这次考试退步了好多，本来想分析下试卷，但每次一分析试卷，就要花很长时间，算了，换个空闲时间再开始吧。

借助他律的力量

你发现没有，当你在通过自律去做一些事情的时候，如果你的自制力不够强大，就很容易在各种借口中知难而退。但这个时候如果有一个外部力量在监督你，就会无形中给你造成一定的压力。这个时候你就不会给自己找太多的借口，因为你知道自己没有退路，所以必须要前进。

就像前几年上网课，有很多同学会发现，在学校的大环境里比在家里的小环境中，学习的专注力更强，学习的效果也更好。

前段时间就有一个学生在群里说他每到周末的时候就会跑到图书馆去，一待就是一天，因为感觉在图书馆的学习氛围更浓厚一些。其实这就是借助了他律的力量。

当然这里要强调的一点是，我们虽然可以借助他律，但不代表着我们要依赖他律。这一点同学们一定要清楚。

那么怎么借助他律呢？我们可以通过三个方面：人、事、环境。

● 借助人实现他律。比如可以把我们的学习计划告知同学或者家人，让他们协助我们完成学习计划。

● 借助事实现他律。这里我们可以做阶段性的总结，比如，每一周、每一月、每一学期，对自己的学习进度和学习成果做一个总结和反思，通过客观结果来实现他律。

● 借助环境实现他律。无论是专注力，还是行动力，都有一个非常重要的因素，就是一定要创设有利于你学习的环境。虽然说有人曾使用过抗干扰型脱敏疗法，就是让你在非常吵闹的环境中学习，习惯了这种环境之后，就可以不受吵闹的影响。但其实在大多数情况下，我们还是需要创设一个安静的学习环境的，这样更利于我们冷静地思考。当然这里的环境不一定只局限于声音，还可以是一个集体，比如我们可以和同学组成学习小组，形成一个积极向上的正能量氛围。

很多人往往需要先用他律约束，然后在他律的约束中建立自律的习惯。也就是说，他律帮你养成秩序，秩序形成习惯，最终渐渐形成自律。所以说，不要太过于忌讳借助他律，相反我们要尽量使用他律，让他律来帮助我们更好地实现自律。

五、明确步骤：学习指令越清晰，执行效果越好

减少选择项

下面有两种情况，在哪种情况下你更愿意去行动呢？

- 做一道数学题；
- 晚上预习完明天的数学课本内容后，做练习册第5页的第1道题。

我们有一点需要明确，就是你的学习指令越清晰的时候，你的执行效果就会越好，因为人的大脑是会偷懒的。经过一天繁重的学习之后，对于再次思考或者思考更多内容，大脑其实是处于逃避状态的。这个时候，如果你的大脑能够收到一个更清晰的指令，那么它执行起来目标就会更明确。如图5-2所示。

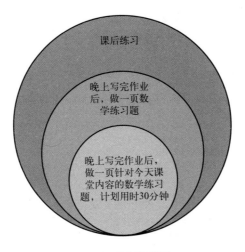

图 5-2 明确学习指令

我们先来看一场辩论赛。辩论赛的主题为：读书到底是为了谁？正方辩题为"读书为了自己"；反方辩题为"读书为了别人"。如果你参与到这场辩论赛中，你会选择正方还是反方？估计大部分同学在理性的情况下会选择正方，而在实际的求学时代会更倾向于反方。

为什么我会这么说呢？因为作为老师，我听过太多学生们的抱怨——

● 读书根本不是为了自己读，只是为了父母，因为他们比我们更着急。

● 父母关注的永远是考试成绩，根本不是关注我们读书本身。

● 考试成绩好父母就开心，考试成绩不好他们就不高兴，我们读书的目的其实最终是为了让父母开心。

还有些同学，可能会提出其他的观点。比如读书并不一定能够实现我们的目标或者梦想，读书可能根本没用，就像现在，随着信息的发展，我们可以接触到各种各样的没有读过那么多书，但依然实现了世俗意义上成功的个例。这些个例，会让很多同学片面地认为读书不重要，读书是没有意义的。同学们可以回忆一下你的内心是不是也曾为"读书没有意义"而动摇过。

把完成学习任务变成实现学习目标

其实，这里就出现了我们的学习指令不清晰的问题，确切说是我们的学习目标不清晰。所以大脑给我们下达的学习指令是，你的学习是在完成一项任务，而不是去实现某一个目标。

还有，我们在纠结于自己的行动力不佳的时候，其实可以仔细去思考一个问题：是不是我们对自己下达的行动指令并不明确？在前面我提到，制订的学习计划，一定要是可执行可落地的。那么我们在提升自己的学习力、行动力的时候，道理自然也是一样的。我们的大脑一般情况下会选择最直接、最简单的方式，越清晰具体的指令，越容易执行。

做题的时候也需要我们的学习指令清晰。这一道题你要完成到什么程度？是做出正确答案就好，还是我们在做出正确答案之后要去复习相关的知识点？积累错题本的时候，你下达的指令是什么？你的行动指令只是把它誊抄到错题本上，还是要把这些错题去归类整理，看一下是在哪一个地方、哪一个模块出现的问题，或者说你要把出现的问题以及为什么会出现这个问题总结出来。准备背一段内容，你是要把这一段内容背熟即可，还是需要分清语句主次，比如重点的句子重点背诵，次要的记个大概就行，或者说你在背诵的时候，要达到每一个字都背得精准、能够完全默写下来的程度。这些就是清晰的学习指令。

指令越清晰，行动越容易。

我们前面一直在说，很多同学经常会犯想得多、做得少的毛病。为什么？因为当你在想的时候，你思考得多了，选择就多了；选择多了，路径就多了，这个时候就容易陷入一种迷茫和焦虑。但如果你对每一次行动都能给出清晰的指令，并将这个指令配合到行动中去，就减少了在大脑反复做选择的过程。确切地说，减少的是你在行动前反复做选择的过程，因为清晰的指令就是告诉你，你的行动只有一条路径可以走，那么照着这条路走就可以了。

六、先术后道：提高执行技能

所有的行动力最终都要落到执行技能上。这里我们要强调的是：行动力也是一项技能。那么在我们的日常学习过程中，可以通过哪些方面去提高我们的执行技能呢？

你在学习中的执行技能可能并不强

以前有一位家长经常会私下和我沟通,他对孩子的学习习惯非常不满。他说孩子每次回家写作业的时候,不是在和同学互发信息,就是在玩手机游戏,总之就是不会好好写作业。虽然他也会去阻止,但是孩子还是很难把心思集中起来放在学习上。这位家长觉得孩子做事太容易分心,在学习上既有注意力的问题,也有行动力不够持久的问题。

其实,行动力作为一项执行技能,是需要去习得的。

它是通过不断地学习,再经过不断地实践、不断地模仿,然后才能掌握的一项能力。

如果不清楚自己在学习中的执行技能如何,可以先做一些小的测试:

● 回想每次做老师布置的家庭作业或者学习任务的时候,你是否需要父母的提醒才能完成?有没有出现拖延的情况?

● 你上学的时候是不是会出现忘带东西或者丢三落四的情况?

● 在老师对你的评价中有没有缺乏主动性之类的评价,或者说你没有发挥出真实的学习水平。

● 随着年级的升高,你在上了中学后,有没有出现过面对越来越多的家庭作业,越来越磨蹭的情况。你是否可在不借用外力的情况下独立完成作业,还是需要借助各种外力才能完成?

● 你上了中学后,成绩是否出现了下降?

● 每次做家庭作业的时候,或者完成老师布置的其他学习任务的时候，你是选择先去做那些让你感觉到快乐的事情，比如玩游戏、聊天，还是先做作业？

- 你平时有没有在假期追过电视剧或电视节目？每天晚上放学后，你会不会经常和同学发信息聊天？
- 你做事情会经常半途而废吗？即使是自己感兴趣的事情，也不愿意坚持到底？

如果你基本符合上面的描述，那就说明你要好好修正下你的执行力了。

学习任务从 10 到 1 去简化

有些同学并不是专注力不强，而是他很难达到专注的状态。一张试卷摊开，可能放了有半小时，笔就是没有落到这张试卷上；一本书翻开，盯了一早上，结果连一个知识点都没有开始背。这种学生，我们称之为开头难学生。

这时候最好的方法，就是先做 5 分钟，比如开始背诵时，不要去想今天需要背诵多少，要怎么背诵，而是直接开始背，先去背上 5 分钟。做题时也是一样，直接打开你的试卷，先做上 5 分钟，先让自己行动起来。

60 分就很好

有人说，完成比完美更重要。有很多同学行动力差，往往不是不愿意行动，反而是太追求行动结果的完美。每次给自己安排学习计划的时候，内心总是期待完美地实现它。这其实是一个偷懒的行为，看似是要求高，实际上是打着要完美的旗号给他自己找了一个不去行动的理由。

所以，不要给"开始"这两个字设置太多的障碍，尤其是"完美障碍"。看两页书也是开始，看一页书的前三句也是开始；做完一套试卷也是开始，做一道填空题也是开始。这个世界没有绝对完美的开局，只要开始就是完美。

情绪平稳可屏蔽噪声

噪声会对大脑造成干扰，当身边有噪声干扰的时候，不要心情烦躁，因为一旦当你陷入这种噪声带来的负面情绪时，就会严重影响学习效率。所以，我们要学会稳定情绪，让自己的心在噪声中安静下来，只要专注于我们当下正在做的事情，噪声自然就会消失不见。

重新迭代你的行为

学习是一项需要长期投入的行为，我们应该尽量把学习转化成一种习惯。为什么要把行为转化成习惯？因为我们的意志力是一种极为有限的资源。在你每天早上起床到晚上休息前的这十几个小时里，你会做无数的决定和选择。比如，这节课的内容需不需要提前预习？课后我要不要复习？复习完之后要不要继续预习下一节课的内容？要不要通过做一些练习来巩固今天学习的知识……这些都会消耗我们的意志力。人的意志力不会永远处于饱满的状态，总会有匮乏的时候，这时候我们的大脑就会自动选择对它来讲更轻松的事，比如，当手机和书本摆在面前的时候，很多人会不自觉地拿起手机。

可是一旦你的行为不再依赖强制性指令，而是能够成为下意识的习惯，那到了某个时间点，你的潜意识就会暗示你必须要去完成某一件事，不完成就会浑身不舒服。这不仅是你对你自己的承诺，也是你在不断持续地要求自己，从刻意练习到自然而然的结果。

总之，光有想法不行动，一切都是白费。只有培养好你的行动力，提升行动力，才是为你构建的自学系统真正地打好了地基。

第六章

觉醒

如何用第一性原理提升内驱力

> 作为所有学习技能的底层逻辑,内驱力是学习力的基础。

一、熵减策略：提升内驱力的核心是分类思维和底层思维

内驱力的本质是自主学习

自主学习的能力和自主学习的动力

在使用第一性原理思维回归到学习的本质的时候，我们知道从学习书本内容到消化书本内容的过程其实是一个自学的过程。这里的自学并非是两耳不闻窗外事的苦读，而是指自主学习。学习力、专注力、行动力归纳在一起，其实都是在讲自主学习的能力，它们属于技巧、方法的层面。可技巧再好，如果不愿意学，也都无用武之地。只有解决了愿意去学习、主动想学习这个问题，才能继续关注学习技巧、学习方法、学习成绩。

简单总结下："内驱力是一种不依靠外界驱动，由自身意志和力量驱动的自主状态。"自主学习是一种渴望学习的状态，是一种不需要外界诱因的自发性行为。简单来说，就是愿意自主地去学习，不用老师、父母催促和约束。

- 内驱力强,学习目标感就会强,知道自己长远的学习目标是什么,知道自己的每一项学习任务都是为了达成什么。
- 主动性强,学习的延展性也会更强,对学习的热情会更大。

就像我们在前面讲过的,对学习要保持热情。内驱力强的话,遇到难关,第一反应也是去面对和解决,而非逃避,或者拖延。

自我控制和自我愿望

使用第一性原理思维解决问题的时候,我们先要找到问题的根本,从根本出发才能解决问题。提升学习的内驱力亦是如此,先要搞清楚内驱力的底层思维,才能去解决学习的内驱力问题。

内驱力的底层思维是借助你自己的愿望,也就是你在学习中的目标,用这个目标来约束你在学习中的所有行为,做到自我控制。借助外力帮助我们,只能是培养自律,但是要真正在学习中学会独立思考、独立判断,为自己负责,就需要我们建立完整的内驱力。

培养学习积极性

- 当你想要好好背课文;
- 或者想要做对一道数学难题;
- 又或者只是想在休息时间去阅读一本课外书时……

如果是外部的力量催促或者逼迫你做这些事情,那么,我们会产生一定的抗拒心理。当然也有一些父母比较聪明，他们会使用"胡萝卜加大棒"的方式，比如和你交换，告诉你如果你期末可以考到多少分，会奖励你一样你想要的东西。

确实，奖励会帮助你增强做事的动力，为了达成除了学习以外的其他目的，你愿意以学习作为交换条件。尤其对于行动力相对欠缺的你而言，这种鼓励意义会很大，能让你静下心来完成原本对你来说比较有难度的任务。比如，期末考到相应的分数，比如准点去做作业。但我们可以思考一下，这些是我们出于兴趣主动做的呢？还是在参与一场和父母的交换？

让学习动力不依赖奖励

其实从心理学的角度来解释，奖励是在通过外部动机来刺激我们自己的内部动机。但在这一章里，我们的要点并不在这里，我们更多的是要了解怎样去激发我们的内在驱动力，让学习变成一种自愿、自发且快乐的事。

现在有很多研究都表明，对学习成绩，或者说其他学习方面成就的奖励，会降低我们真正的内驱力。

换句话来说，奖励，尤其是物质奖励，在一定程度上会对你的学习兴趣产生干扰，让你的努力方向从自我成长变成获取奖励。比如这次期末考试，你的目的并不是要考到多少分，你的终极目的只是为了考到多少分后，能够从父母那里去换得你想要的和学习无关的一个礼物。也就是说，你把学习成绩作为缴纳的税费，从父母那儿交换到了礼物。在这种情况下,你会在学习的过程中更多地处于一种突击学习的状态,这种突击的状态会使你学得快,也忘得快。表面上看,你得到了想要的奖励,但实际消耗的是你的学习兴趣。而且最重要的是,你的学习目标也会被进一步模糊。

吸引你努力学习的到底是什么

学习时的心态

我们现在来思考一个问题:你认为学习中最重要的、最需要你保持的应该是什么样的心态?

我们先保留这个问题,继续往下看。有心理学家曾做过关于动机和心态的研究,他经研究认为:"当学生拥有固化心态,比如当自己犯了错误或者并没有进步的时候,就会认为是自己的能力差,从而放弃努力;但是当学生拥有成长心态的时候,就会把注意力放在自己的努力上。"

他在研究中还发现,拥有成长心态的学生更重视学习本身的意义,而不是仅仅关注成绩。

虽然中考和高考相对于我们平时的考试而言,意义确实非常重大,但大多数的考试,其实只是检验我们阶段性学习成果的方式,作为我们接下来进一步学习规划的参考。当你是成长心态的时候,你会把每一次考试都当作一个契机,而不是只关注成绩如何。比如每一次考试结束后可以看一下,这次考试相对于上一次,你又解决了哪些新的问题？或者说上一次考试中出现的问题，这一次你是否又出现了？我们的关注点应该是在自己所取得的进步上，而不是这次考试成绩真不错，可以获得什么奖励上。专注于你自身内在的努力，一方面可以缓解你的无助和迷茫，另一方面也会让你更接近真正意义上的成功。

建立学习的胜任感和归属感

- 内在动机强，内驱力就强

有多项研究表明，在制订学习计划、完成学习任务的时候，明确学习的意义和目标，在行动的过程中可获得更多选择的自由，会比通过奖励和惩罚逼迫自己完成任务的效果更好。这其实就是让你在学习的过程中拥有自主性和掌控感。

- 人是有自主需求和归属需求的

很多同学会发现，当你越长大，尤其是在进入青春期后，自主意识就会越强，在拥有更高的认知和辨别能力后，你对父母对你的要求，尤其是强制要求会产生逆反心理，这是你的自主需求在起作用。

在班级中，随着年龄的增长，你会越来越具有荣誉感，会更在意老师、同学的肯定，这是归属需求在起作用。

内驱力的分类

在了解清楚内驱力的底层思维之后,我们把内驱力整理为三大类。

认知内驱力

认知内驱力主要源自你自己的内部动机,比如你想要考到多少分,想要做多长时间的作业,想要完成多少学习计划……而从青少年心理学来看,对学习的兴趣越浓,学习的内驱力越强。这个时候你就会发现,你在自己兴趣更大的学科上,动力、内驱力会更足。但是这种内驱力的局限性也非常大,一般只限于我们感兴趣的学习内容。所以想要提升认知内驱力,就不能把自己局限住,而应在学习中对自己的兴趣和好奇心不设限。

自我提高的内驱力

自我提高的内驱力,是指通过自己的努力达到某一项学习成就,或者完成某一个学习目标而获得的成就感;或者也可以从外界条件来说,比如赢得老师在课堂中的表扬,获得来自父母的奖励,或者在班级里得到同学们的羡慕和认可。这些内部和外部的或直接或间接的肯定,会促使你激发出强劲的内驱力,就像一辆原本停在草原上的汽车,在加满油后开始动力十足地驰骋草原。

叠加内驱力

对于大多数年龄较小的学生来说，他们更需要从父母、老师等权威人士那里获得肯定来增加自己的内驱力；而对于大多数初高中学生来说，只为了得到某人的肯定而努力学习的现象会相对比较少。这也就是我们一直在说的，学习，终究要落到激发你自己的内在动力上去。

这三种内驱力的驱动，相比而言：

- 认知内驱力的后劲更为持久，会伴随我们终身的学习和成长；
- 而自我提高和叠加内驱力依赖外界驱动的因素会更多。

在了解清楚了内驱力的归类后，我们就可以使用分类思维去提升自己的内驱力。

划分你的学习任务

- 根据紧急性和重要性分类
- 根据感兴趣程度来分类
- 根据时间来分类

学习任务里有重要的学习内容和任务内容，相应的，就有并不太重要的学习内容和任务内容。重要的内容就花费大量的时间和精力去做，不重要的内容就不要花费太多的时间和精力去做。

这里，我们依然可以采用四象限法则，用紧急性和重要性去归类我们的学习任务。

除了根据紧急和重要性来归类，在面对学习中的其他情况时，你还可以根据自己在某一门学科上，或者某一类学科、某一类知识领域的感兴趣程度来划分你的学习任务。

但这里并不是要让你偏科，让你把所有的精力和时间都投入到你最感兴趣的学科中去。因为一个人的时间和精力是有限的，这一门学科花费的时间和精力多了，势必要压缩学习其他学科的时间和精力。长此以往，感兴趣的科目会越来越好，不感兴趣的科目会越来越差。考试，尤其是义务教育阶段，考查得更多的是你对各学科综合学习的能力。

所以遇到这种情况时，你需要去反其道而行，反兴趣而学。

比如，对你比较感兴趣的学科，之前你投入的时间和精力会比较多，也就是说你在学习上的积累也会比较多，那么在之后的学习任务分配中，就可以适当减少在此科目上的时间、精力的分配，把多出来的时间更多地分配到原本的弱项中去。用"木桶理论"来说就是，决定"你的木桶能打多少水的，不是木桶最长的那块木板，而是取决于最短的那块木板。"

还有，我们可以根据时间来进行分类。

比如，在分配每一天的学习任务的时候，要把握好早晨的黄金时间，可以把需要大量背诵和记忆的内容，或者说对你而言难度更高的内容，放到早晨去完成。而把需要总结、反思的内容，放到晚上去完成。这个思路还可以用于安排课前预习和课后复习，将你有限的时间、精力分配好。

二、定好前提：用结网式学习法构建知识树

用知识树打造高效系统的学习方法

找出知识结构

初高中的知识是有系统结构的。如果读者读到这里时，手边有课本，可以翻开看看目录，无论哪一门学科，它的内容分布都是有其内在链接和逻辑的。一般都是基础内容在先，拓展内容在后。所以说，你在学习的时候应当先掌握好基础内容，也就是主干框架，然后再把其他知识点补充到框架里面，让你的知识体系像树一样"长"起来。

着重基础

无论是哪一门学科，都是基础先行，只有掌握了基础知识，彻底消化基础知识，才能在后期对知识做到充分理解。有一些同学，喜欢去钻研一些难题、怪题，有时候他们会在这些题目上花费大量的时间，但其实在现有的考试体系中，更多的还是对基础知识和相应的延伸内容的考查。如果你并没有

那么多的时间和精力，千万不要在难题、怪题、偏题上耗时过久。

摒弃那些只让大脑做无用功的方式

对于我们的大脑而言，理解和记忆一个个孤立的知识信息点时，并不能做到高效。在前面的章节中我们提过，使用第一性原理思维学习时，要把学习系统化，把位于这个系统内的新旧知识链接起来，才能达到更好的记忆效果。

● 我们在阅读一篇新的文章的时候，要思考这篇文章的结构、使用的修辞手法，以及和我们之前阅读过的文章有什么共通之处。

● 我们在学到一条新的定律的时候，要思考它和我们上一节学到的定律有什么联系？它是如何推导出来的，需要借用我们已经学习过的哪些定律或者定理？

● 当我们学到电磁学的时候，要思考它和动力学有什么关系？涉及动力学的哪些相关知识点？

● 我们在学习物理的时候，不仅需要数学的运算能力，还需要思考现象发生背后的原因。很明显，这是一项非常综合的能力。

这也是为什么我们一直在强调要结网式学习。当你在使用结网式学习法的时候，就是在摒弃之前一直在做的一些无用功。

学习和思考的本质

形成新旧知识的链接

大脑学习和思考的本质,是把新知识点和旧知识点各作为一个兴奋点,将这两个兴奋点连接起来,反复刺激,最后形成强有力的链接。所以同学们不断学习、不断复习的过程,就是不断刺激它们的过程。

可是在这里,新的问题就又出现了:大脑的容量是有限的,可供我们随时调用的资源也是有限的,大脑无法容纳这么庞大的信息量时怎么办?

给大脑建立缓冲地带

有很多同学在学习中常常走入一个误区,他们认为所有学习过的内容必须要完整地记忆在大脑里,但这显然是不可能的。

就像有些同学经常说的:

- 发现自己在上完一堂新课之后,无法在课堂上完全消化新知识,或者说是无法记忆完所有新学的知识。
- 为了做英语的阅读题,阅读了大量的英语时刊。可是,读过的多,记住的少。

因为根据记忆遗忘曲线来说,每一段你想记忆的内容,都需要长期的持续记忆,去反复加深印象。你需要记忆的内容越多,就越需要在后期花费大量的精力去重复记忆。可是我们学习的知识并不是一成不变的,它是不断被补充的;那么越来越多的新知识,就需要越来越多的后期重复记忆去加深。这从时间上看,显然是不现实的。

大脑只做记忆的储备箱

把大脑的能量更多地留给思考,可能才是对待大脑更好的方式。

诚然,学习中确实有需要用到大量记忆的地方,但是我们不能把所有的精力全部都放在记忆上。这时候,我们就需要一个"外接大脑"。其实这个外接大脑,我们在学习过程中经常遇到。比如我们的笔记本,课上没有消化的内容,我们可以把它记在笔记本上,这样就给我们留下了继续消化的机会,而且我们还可以将来不及消化的知识不断地补充进笔记,等待后续的吸收消化。

而且,笔记本上的内容只有一部分是需要我们去强化记忆的,另外一部分是帮助我们强化记忆的。拿一个定理的公式举例,这个公式是怎么推导出来的?它的背后逻辑是什么?它和哪个知识点是相关的?这些都不需要你去强制性地死记硬背,而是可以把它放在我们的"外接大脑"中,辅助我们去思考。

讲到这里,相信同学们就应该很清晰了,"外接大脑"并不是我们的知识储备箱，而是辅助我们记忆的缓存。当然它还有一个好处是可以帮助我们去二次、三次复习。还是那句话，记忆是有遗忘曲线的，当然，这个"外接大脑"不局限于我们的课堂笔记本，像我们的错题本、总结本、计划本，也都可以成为我们的"外接大脑"。

三、选对方法：怎么通过完善学习结构来提升内驱力

拥有成长型心态

对自己有耐心

我以前遇到过这样两个学生，他们俩在初中阶段成绩差不多，彼此不相上下。可是在进入高中阶段之后，两个学生的差距却越来越大。一个已经有逐渐进步到班级最上游的趋势，另外一个同学却越来越接近班级的后几名。

和这两位学生的父母还有他们自己沟通之后，我才发现，这两个学生最大的问题并不是他们的学习能力相差较大，也不是他们进入高中阶段之后遇到的学习环境有所不同，而是他们俩本身的学习态度和对待学习中遇到的一些问题的想法完全不一样。

- 初中阶段，他们仅凭高强度的背诵和记忆，还有父母的督促就可以保持在一个相对差不多的水平线上；

● 可一旦进入高中，面对更难的学习内容时，两个学生的应对方式出现了差别。

一个学生在进入高中后，面对难度一下子提起来的学习内容，变得越来越急躁，也越来越焦虑，无法静下心来重新调整学习进度和学习安排，使得学习成绩越来越糟糕。

而另一个学生，进入高中后发现自己有点跟不上的时候，首先是承认现状，认可自己现阶段的学习出现了问题。别人每天做三套练习题，他就做一套或者半套，但是在做这一套或者半套练习题的时候，他会争取把每一道练习题背后的相关知识点全部理解吃透。也就是说，他花了比别人更多的时间去重新巩固基础知识。果然，过了一段时间之后，虽然他的成绩依然比不上班级里的学霸，但是至少已经不掉队了，还隐隐有一直向前的趋势。

处理好心理落差

其实这里有一个心理落差的问题。我们的很多同学，在遇到一次失败，或者说一个阶段的失败后，会产生严重的心理落差。如果在这种时候处理不好这种心理落差，那么你的学习状态就会受到影响，确切地说，就是会被大量负面情绪包围。我们说过，无论是提升行动力还是专注力，甚至你的学习力，包括你的内驱力，都需要有一个积极的心态。而当你沉浸在负面情绪中的时候，你所有的学习动力都会被削弱，无法再静下心去解决学习中出现的问题。

所以，无论任何时候一定要对自己有耐心，允许自己在学习的过程中出错，并把每一次出错都当作你成长的机会。唯有拥有成长型心态，在遇到失败的时候，才能发现错误，进而改正这个错误。学习，是一件需要长期坚持的事。对自己有耐心，不仅可以在错误中进步，还可以培养自信心。这也是我们在前面提到的内容，对自己要有掌控感。

当你对自己的学习越来越有掌控感的时候，你前进的动力就会越来越足，你的内驱力也会越来越强。

学习中榜样的力量

纵向比较而非横向比较

我们可以在学习的过程中给自己树立一个榜样，把榜样当作目标，来激励自己前进。

但请只纵向比较，不要横向比较。

永远记得学习是自己的事情。生活中应该有很多同学都遇到过父母拿自己和别人家的孩子比较的情况。这种比较，是很容易让人产生挫败感的。因为你看到的永远只有别人成绩好的表现，而在这个好成绩的背后，具体会有哪些影响因素，我们不得而知。所以，请尽量把你比较的范围调整为纵向，也就是比较你自己的每一次成长，比如，这一学期相对上一学期，你的成绩提升了多少？你的错题又少了多少？你答题的速度又进步了多少？这些才是你应该真正需要拿去比较的。它一方面可以让你及时发现自己的不足，总结自己的得失；另一方面也可以让你避免在和别人比较的过程中产生挫败感，打击自信。

换个学习任务目标

不想写作业，那就不要把关注点放在"写"这个字上，可以换一个思路：作业可以检验你今天在课堂上的学习情况，帮你巩固学习过的知识，提升你的学习能力。

当你已经对今日所学内容掌握得十分透彻，那么就可以根据现状，重新安排自己的学习任务；但如果掌握得尚不全面，就可以换一个思路重新定义写作业这件事，让自己开心接受。

找对方法，学习起来才能更轻松

在使用第一性原理构建我们的自学系统时，要注意一点，就是这个自学系统一定要符合我们当下的学习现状，并且适合我们自己的成长。

我们在找寻学习方法的时候，道理也是一样的。

- 比如作文，是通过阅读和字词句大量的积累，才能够拥有的能力。正如杜甫诗句中所说的"读书破万卷，下笔如有神"。阅读的过程是积累字词、语句和写作素材的过程。有些同学写作文，每次就像挤牙膏一样，甚至加上标点符号才能勉强凑够字数，这就是积累得太少了。我们可以在平时多去摘抄一些好词、好句、好段。当阅读到一些精美的文章的时候，尤其是课本中出现的文章，我们可以跟着老师的思路一起去分析，这篇文章好在哪里？它的结构又是怎样的？写作手法有哪些？下次我们写作文的时候可以怎么借鉴？

总之，多阅读、多摘抄、多记忆，多表达自己的真情实感。当这些经验反复积累之后，作文自然会写得既快又好。

● 再比如我们做阅读题，阅读题一般考查的是你对阅读素材的理解分析和解答能力。有很多教辅书会总结一些答题技巧，这些虽然对我们答阅读题有一定的帮助，但是往往治标不治本。如果不能提升你在阅读中的分析和理解能力，即使掌握再多的技巧，在考场上依然会无从下手。

做阅读题，关键就在审题。做题的技巧，就是有针对性地回答。怎么去做呢？首先应认真阅读文章和题目。在读文章的过程中，至少要把握文章大意，把握文章的中心思想。要从题目中抓取主要信息，知道题目主要问的是哪些内容，并带着你的这些问题去再次阅读。

然后联系文章内容，在思考的过程中，找准你的答题角度。一个是站在作者的角度，和作者换位思考，去思考题目的重心。还有一个就是把你的实际生活和文章内容结合起来，这样能更好地理解文章的内涵和出题者的意图。最后一点，就是好好组织你的答题语言。想要获得高分，那么你的答案就需要有条理、有依据、有核心观点。观点清晰，层次分明，得分才会高。而这些都需要在平时多做练习，不断积累。

内驱力并不是一个空泛的概念，相反，它需要落实到学习的每一个环节、每一个细节中去。

四、厚积薄发：学习是一场耐力跑

学习不是短跑，而是一场马拉松

起跑线并不决定一切

经常听到一句话叫"赢在起跑线"。有的时候我们可能一开始并不是班里成绩顶尖的那些人，或者说我们是班里成绩顶尖的，但可能并不是全年级、全校，甚至全区、全市成绩顶尖的那一拨孩子，但开始不是，并不意味着永远不是。

● 学习是一场耐力跑。

你的短期胜利并不是永久胜利，学习考查的是你长期学习的综合能力，所以说，即使你现在的起点低，或者说即使你在赛程的中间出现了短暂的落后，都不要太过急躁，因为走得越稳，才能走得越远。

短跑起跑时的爆发力对速度有着至关重要的影响，可能起跑速度慢了，就会和竞争对手差出一米的距离，从而影响成绩。但是马拉松不同，起跑速度慢，未必不会第一个到达终点。你可以起跑速度比其他人慢，可以中途跑跑停停，还可以放松一下，补充点水和能量，长跑拼的不是一开始的起跑速度，而是谁有足够的耐力，以及谁使用了正确的跑步方法。

先玩好再学好

我们鼓励学生去玩，为什么呢？这里的"玩"可不是玩手机、打游戏这种能对大脑产生强刺激的行为。

- 玩是为了放松，是让你的大脑进入另外一种专注状态。

在前面的章节里，我们在提到专注力的时候，专门有讲过可以通过一些体育运动去锻炼你的专注力。在这里，我们仍然要强调，体育运动可以对专注力产生积极、正面的影响。所以，多运动有利于学习成绩的提高。

- 玩是一种释放压力的方式。

现在学生们的压力真的非常大，有自己给自己的压力，有同学们给的压力，还有家人和老师给的压力……这时候就需要通过一些体育运动去帮助我们疏解，让一些负面的情绪通过出汗、多巴胺的分泌释放出来。当然如果同学们出现严重的负面情绪问题，一定要及时和你最亲近的人沟通，千万不要埋在心里。

保持创新思维

这一点，很多同学可能会反对。因为之前我和学生们沟通，在讲到答题方法的时候，有同学提出过质疑，他们觉得既然很多题目都有标准答案，那我们为什么还要去保持创新思维，找到解题的新思路呢？

● 首先创新思维可以让你在遇到一些固有答案的时候，可以充分发挥想象力，可以让你的解题思路更加多样化，知识链接更多元化。

● 其次我们学习的最终目的是给未来奠基，不只是为了成绩，成绩只是帮我们实现梦想的一个途径。

所以保留你的创新思维，是为了让你站在更高的维度上去看待学习这件事，这会让学习这件事变得更加有意义。

学习是长跑

前面我们谈到过，我们学习的每一项内容都是在为我们的未来打地基。为什么我会说学习是长跑？是因为它考查的不是你哪一节课、哪一学期学习的内容，而是整个学生阶段的综合能力。而在这个长跑的过程中，我们要比较的不是谁跑得快而是谁跑得远，比的是谁能坚持到底，谁没有半途而废。

我遇到过太多的学生，努力一段时间后，一旦遇到点困难，一点挫折就想要放弃，或者短期内没有看到成果就失去了耐心。这真的非常可惜，同学们的人生还那么长，路还那么远，何必在只见到一点风景之后，就觉得这个风景并不是你内心所期待的，就放弃了后面更美的景色呢？

还有些同学，可能因为天资不算特别聪明，所以一开始在学习这条路上跑得不是很快。但请不要灰心，聪明绝对不是学习中的制胜法宝，作为老师我见过太多非常聪明的学生，可是最后白白浪费了聪明带来的天赋。聪明与努力相比，努力才是更重要的。

五、平行法则：怎样降低学习内耗

内耗的本质是找不到方向

学习最怕只埋头努力

这几年经常听到内耗这个词，我的很多学生也会经常和我说，老师，我是一个在学习上内耗很严重的人。那么作为学生，经常出现的关于学习上的内耗会有哪些呢？

- 第一种，努力没有方向；
- 第二种，努力了却没有看到结果，不知道下一步该往哪个方向走。

有一部分同学，不喜欢思考，只喜欢跟着别人的指示学习。老师说让做第几页练习题，他就做第几页练习题；老师上课，他也听；老师布置作业，他也写；老师让记笔记，他也记。但他就是没有自己的想法，没有自己的节奏，不知道自己学习是为了什么，也不知道自己的学习规划应该是什么样子。还有一部分同学就是喜欢埋头苦学，一直在努力，但成绩就是上不去。这两类同学有一个共同点：就是对学习这件事没有规划，没有针对自己的学习安排，只知道埋头苦读，读的东西是否有利于自己学习成绩的提高，是否有利于自我的成长，这些压根就没有想过，久而久之，白白浪费了时间和精力。

驱动你学习的动力

内驱力的三个层次

畅销书作家丹尼尔·平克在他的书籍《驱动力》中，把人们的内在动机分为三个层次，如图6-1所示。

- 第一个层次是来自内心的原始冲动，比如饿了要吃饭；
- 第二个层次是为了某种利益或者避免损失才去做某件事情，比如很多人都参加过的打卡活动，不完成打卡就要付出某种代价；
- 第三层次是我们发自内心想做且一定要做好的事情，比如说，我一定要赢，我一定要考到多少分，我一定要做出什么样的成就。

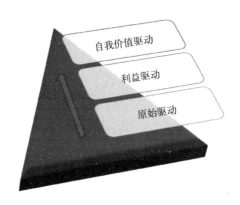

图 6-1　内驱力的三个层次

了解了内驱力的三个层次，接下来让我们一起来看看如何根据内驱力的层次提升学习效果。

有效学习法

既然学习是枯燥的，而且内驱力又有它的三个层次，那么我们怎么利用好内驱力，去找到更好更有效的学习方法呢？

- 开始行动的门槛要低，然后逐级增加。

很多学生在日常的学习中，都无法完成自己所制订的计划。

刚开始动力十足，但是坚持一段时间之后，就开始犯懒，然后就放弃了。所以定学习目标时，不要把目标定得太高，不妨把目标拆分开来，拆分到你稍微努力就能做到的程度。养成习惯之后，再去增加任务，增加难度。

- 控制学习中的两大变量，时间和专注力。

学习的过程需要你投入大量的时间和精力，还有专注力。

学习，不仅是要花时间这么简单。

在做学习任务时，你的注意力要全部放在学习上，否则就很容易被其他的事情吸引，消耗掉大量的时间。这些其他的事情可能是游戏，可能是你正在追的连续剧，也可能是你在课桌底下正偷偷看的一些短视频。把它们屏蔽掉，把这些变量控制好，你才能按计划顺利完成学习任务。

不要关注小的事情

内耗还有一个重要的特点，就是喜欢抓住一点点小事反复在大脑里纠结。课堂上遇到一个问题没有学会，想要举手问老师吧，又担心浪费其他同学的时间，还担心老师会批评自己；下课后有一道练习题不会，想去问同学，又有点不好意思，纠结了一会儿，最后什么也没有做。

这种现象也解释了我们为什么把内驱力放在行动力和专注力之后去阐述，行动力那一章我们提到了一个观点：先去做，不管最终怎么样，先去做了才能谈得上结果如何。而同学们为什么会有反复纠结造成的内耗？就是因为你没有去做，只停留在了想的阶段，想也消耗着你的时间和精力。这个时间，我们说过，它不仅有正向的复利，也有负向的复利。所以解决这种小事造成内耗的最简单的最直观的方法，就是行动和专注，或者说，先行动，再专注。

同学们也可以在实际学习过程中用下面这六条去消灭内耗。

● 停止纠结，积极行动。无论是上课还是课后，先完成手边的学习任务，哪怕是只听五分钟课，或者只做五分钟作业都可以，首先要让自己开始行动；

● 放过自己，接受不完美。即使是学霸，也不可能保证考试次次都是满分，要把每一个问题和每一次挫折都当作成长；

● 改变归因，提升自信。把问题归因于自己还是外部，这在很大程度上会影响你的心情和学习态度。如果是主观因素造成的问题，就在自己身上多找找原因；如果是客观因素，就不要给自己太大压力。

● 及时倾诉，寻求支持。当处于内耗状态时，可以向你的同学、老师和父母倾诉，也可以把你的负面情绪记录下来。总之，要找到适合自己的情绪宣泄途径。

● 分解目标走出第一步。最难的不是坚持，而是开始。只要能走出第一步，就是进步。

● 运动放松，抽离出来。前面我们说过，运动是专注于休息的放松方式，也是舒缓压力的方式。

六、拿来主义：站在巨人的肩膀上才能看得更远

牛顿曾说过这么一句话，大意为："我不知道在别人看来我是什么样的人。但在我自己看来，我不过就像是一个在海滨玩耍的小孩，为不时发现更为光滑的一块卵石，或更为美丽的一片贝壳而沾沾自喜，而对于展现在我面前的浩瀚的真理的海洋却全然不知，如果说我能比别人看得更远些，那是因为我站在了巨人的肩膀上。"

开放式的学习态度

什么是站在巨人的肩膀上学习呢？很多时候，独自摸索学习方法是一件很累的事，可能你经过很长时间才摸索出的方法，只是别人早就总结出的经验。我们说第一性原理符合三段论，前提正确，推导出的结论也正确。那么，把别人已经总结并且实践过的经验当作正确的前提，在此前提下将其迭代成适合我们自己的学习方法，作为结论也会是正确的。我们常说，面对学习应该保持开放的态度。比如"费曼学习法"倡导的以教为学的理念，其实就是开放的学习态度。

"三人行，必有我师。"你的同学、你的老师、你的父母、你书桌上一本本的参考书，都可以成为你的"巨人"，站在

他们的肩膀上,你才能在学习中走得更远。

找到供你站立的巨人肩膀

有些同学,感觉学习之路艰难,很可能并不是学习方法不对,而是你在独自摸索学习经验。那不如让我们换种思路,在学习过程中,多去借鉴别人的经验和方法。

- 学霸之所以成为学霸,绝不仅仅只是凭借天资和幸运;
- 老师之所以成为老师,也绝不仅仅只是因为年龄和学历。

在你的班级里,每一门学科必然都有成绩比较优异的同学。那么至少在这一门学科上,可以多去参考他的经验。这一点,在老师身上也是同理,每门学科的老师都可以成为你这一学科的巨人,借助他们的经验,你的成绩能够得到快速提升。

那么,站到巨人的肩膀上后,该怎么办呢?

- 先完成再完美。没有完美的模仿对象,也没有完美的模仿者。在学习别人的经验和方法时,切忌贪多求全,只要你去学习了,就会有收获。
- 先模仿,再完善。学习别人的学习方法时,不代表我们要完全地复制粘贴。在执行的过程中,最终还是要找到属于自己的节奏,结合自己的实践,逐步完善这套借鉴来的学习方法。
- 思考后,再参照。站在巨人的肩膀上开始,相当于拥有了很高的起点,但仍需仔细思考自己的实际情况,切勿盲目模仿。

- 取精华去糟粕。巨人也是有缺点的,比如在模仿学霸快速背诵的方法时,你可能发现他的作息习惯并不健康,这个时候你就不需要照搬全套了,而是找出你能借鉴的地方去参考就好。

在全书一开始,我们在分析学习的第一性原理时,一直在强调建立自学系统是指导我们一切学习行为的底层逻辑。在这里我想对同学们再仔细叮嘱一遍,建立自学系统,是借助外部力量,参考外界因素,找出最适合你的学习方法,然后用这套学习方法,指导你把书本上的知识输入后再输出。这才是建立自学系统的真正意义。而学习力、专注力、行动力、内驱力,是在构建适用于你的成长分支路径,找到各个分支路径,找出相对应的解决方法,会使你的整套自学系统更加稳固。

第七章

技巧

如何用第一性原理提升应试力

> 通过阅读本章内容，读者将对怎样使用第一性原理思维在学习中提升应试力有更清晰的理解。

一、问题简化：整体性思维

考试是整体性事件

考试的本质在输入

当我们在使用第一性原理思维去思考一件事的时候，首先需要把我们的问题进行简化。因为在正常情况下，一个问题可以延伸出多个问题。问题越多，相对应的答案就越多，这个时候你能分析总结出的方法也就越多。而第一性原理思维要求的是直接回归到问题的本质去思考，这里的问题本质，实际就是问题的大类。

你要解决应试力的问题，就会发现关于应试力的子问题有很多，比如考前准备、考试时的临场发挥、考完一门科目的心态调整等，这些都是有关应试力的分支子问题。

我们把这些关于应试力的子问题归纳在一起就会发现，这些其实都是输出的问题。也就是说，你在输出的过程中会遇到的影响因素，都是解决你的应试力问题的分支路径。

有关学习的所有问题的根源都在于学习的主体，也就是作为学生的你自己身上。所以任何有关应试力的问题都应该先回归到最本质的输入问题，你的输入问题解决了，才能去谈有关应试力提升的其他分支问题。这也是我们把应试力提升放在学习力、专注力、行动力、内驱力之后的原因。

让大脑处于最佳状态

当你明确考试的本质是输入而不是输出的时候，你就应该明白：考试真正考的不是你的临场发挥，也不是你的运气，而是你在学习过程中，真正学了多少内容，消化了多少内容。

当你把这些环节想明白的时候，你就知道，既然你在考试之前学了多少内容已经成为一个固定量，它是不可再突击变化的，那此时你大脑的状态能发挥到什么程度，也就是说你的大脑能输出到什么程度，就决定了你的成绩能达到什么程度。

让我们说得更通俗易懂一些，就是你的大脑在考试的时候状态越佳，那么你在考场做题的时候，越容易得出正确的答案，越容易把你学过的知识更好地呈现出来。

弄清楚了应试力的提升就是提升你的输出状态，也就是大脑的输出状态，接下来让我们一起来了解下，怎么做才能让大脑在需要输出时，保持住最佳状态。

保持高效、清醒的状态

考试前应该有一个考试适应期，在这个适应期内，你应该让你的大脑、你的状态、你的生物钟，按照考试的时间进行调整。

这样做，是为了在到达考试这个重要节点的时候，让你的大脑处在一个活跃状态。

但这里要向同学们提醒的一点是：不是所有的考试我们都要提前去适应考试的时间，像我们普通的小考，一些阶段性的考试，或者说一些突发的测验，这一类考试并不需要进行特别的生物钟调整和状态调整。

一来这样并不现实，二来作为学生而言，我们的时间是比较紧迫的，尽量不要浪费太多的时间去做一些没有太大价值的事。那为什么在一些重要考试的节点我们要去做调整呢？

之前，我有一个学生平时学习非常认真努力，基础可以说是打得非常牢固扎实。但他有一个很严重的问题，一到考试就会紧张，小考小紧张，大考大紧张。

如果出现这种情况，我们就没有办法再强调考试的本质是在于输入了，因为一旦考试紧张，就是输入得再多，也输出不了。所以，我们可以通过平时的一些关键节点，比如一个学期的期末，或者每一个学年的期末，去调整自己的考试状态。让你的状态在这个时间阶段达到最佳，让大脑处于一个相对兴奋的状态。

其实这也是在训练我们自己去掌控我们的大脑，我们的大脑应该是服务于我们，而不是我们跟随大脑。

保持高效的专注力

保持高效专注力的核心就是：集中注意力。

经常有些同学喜欢临时抱佛脚，为什么大家虽然知道临时抱佛脚不对，但其效果却仍被很多同学认可呢？这里就涉及了高效专注这一问题。临时抱佛脚其实是让你的大脑高速运转，高效地集中在短时需要记忆的内容上。这种把所有的注意力集中在当下的状态，就是高效的专注力状态。

这种高效的专注力通常出现在三个阶段：考前、考中和考后。

- 考前高效集中地复习；
- 考中高效集中地做题；
- 考后高效集中地检查。

调整睡眠时间

调整睡眠时间，和之前的保持清醒高效的状态有些类似。很多同学在平时为了完成学习任务，都有自己的学习计划和学习安排。有些同学喜欢早上多安排一些学习任务，还有些同学喜欢安排在晚上。但无论你平时的作息是什么样子的，在考试前都要尽量调整自己的睡眠时间，好让你的身体和大脑能够得到充分的休息，也能和我们的考试时间保持同步。

在之前的章节中，我们提到过，良好的睡眠才能保证良好的学习状态。

所以临近考试时我们要尽量保证在晚上十点到清晨六点之间休息。因为从科学的角度来说，在这个时间段内休息，更容易达到深度睡眠的状态。我们知道，睡眠越好，大脑越能得到充分的休息。

当然，我也建议同学们在平时可以练习一些快速入睡的方法，尽量保障优质的睡眠。如果出现长期失眠的情况，一定要及时和父母沟通，看看是否需要去医院寻求帮助。

足够的营养

为了在考试的时候有好的身体状态，我们在考试前一定要注意自己的饮食。

这段时间的饮食，不仅要保证摄入充足的营养，还要注意不要过量。有些同学在考试前会有考前焦虑的状态，习惯食用大量含糖量高或者热量较高的食物，这是不健康的。我们一般建议同学们在临近考试的那段时间，饮食习惯不要变化过大。如果想要为自己补充营养，可在原有的饮食习惯上略微添加。另外，在考试当天一定要避免食用过分油腻、生凉的食物，以免造成身体不适。

别让身体状态反过来影响了我们的考试状态。

适当运动

到这里，有些同学就要问了，我们平时学习已经够累了，尤其是在考试前，复习的内容那么多，这个时候还让我们去运动，是不是有点不太现实呢？

当然不是。考试前的适量运动，可以给大家带来很多益处。

- 一是可以缓解很多人的考前紧张情绪，运动释放出的多巴胺可以帮助你释放压力。
- 二是适当的、相对舒缓的运动，可以在增强我们体能的同时，缓解一些长期久坐、长时间低头带来的一些身体上的不适。

这里建议同学们选用的运动方式，应该以平时习惯的运动方式为主，最好避免突然增加过多运动量。

最好的准备就是没有准备

不知道同学们是否有过类似的经验？越在乎的考试，会越紧张，越容易考不好。

我们通常觉得考试的结果会对我们造成压力，很多人觉得这个压力来自父母，来自老师，甚至有可能来自同班的同学。但其实，大部分人真正的压力几乎都来自自己。我们感受到的压力，更多的是自己给自己的压力。

你平时学得怎么样，就已经大概率决定了你的考试成绩会如何。有很多同学说考试会发挥失常，这种情况其实是很少出现的。

成绩如何首先取决于你的日常学习积累，只有极小的意外因素会影响到这个结果。所以说，紧张提升不了你的考试成绩，反而会影响你的发挥。如果你真的害怕自己承担不了考不好的结果，那我们换个思路来想，是不是你更应该放松自己的状态，放平自己的心态，让自己用最舒适的状态去参加考试，只有这样你才有可能考出你最真实的水平。

而且如果你总对自己进行消极的暗示,你在考试时会很难彻底激活大脑。可如果你对自己进行积极的暗示,不管是从放松心情的角度来说,还是从给自己自信心的角度来说,都至少能够让你的心理状态达到最佳。

所以这也就是我为什么说最好的准备就是没有准备,因为你学得怎么样已经在平时确定了,考场上的发挥状态对成绩的影响不大,或者说它只是一个影响成绩的辅助因素,绝对不会成为一个主要因素。

二、结构化思维

了解考试大纲

很多同学都会忽略考试大纲。

我们在复习的时候,一定要以考试大纲为基础,把考试大纲研究透彻,根据它来制订我们的复习计划。

考试大纲不仅在复习的时候可以帮助我们分清主次,还可以帮助你按照考试要求重新梳理知识架构。

练习真题

了解透彻考试大纲后,我们对考试的方向有了一个相对清晰的认识。那么接下来,就要通过反复练习真题来训练我们的做题能力。

真题不仅可以检验我们对知识的掌握程度，还可以让我们通过往年真题去了解出题者的出题方式和出题思路。

做真题训练的时候，同学们最好先做完题再看答案。如果出现错误，一定要反复思考自己为什么会做错，自己的思路错在哪里了？总之，要把一道真题当作百道题去使用，这才是做真题的真正意义。

重拾错题本

在前面的章节我们多次提到过错题本的重要性。建立错题本的目的不是为了整合我们做错的题，而是为了找出我们还没有完全掌握的学习内容。

我们在做真题的时候，出现的错误也要收进错题本。因为相对而言，真题对整个的知识体系的考查会更全面，所以在做真题时出现的错误，更需要我们把相关知识点再着重复习一下。弄明白错在哪里了？为什么错？正确的思路是什么样的？它涉及的相关内容是什么？

模拟考试

熟能生巧。

考试技巧、考试方法、考试心态，其实都是能够训练出来的。在最前面我们也提到过，在做平时的小测验的时候，可以把它当成考试试卷来做，在规定的时间内完成规定的内容。这样做的目的，是让我们可以在设置好的时间内高效专注地做完测验内容，而且可以让你习惯这种考试的状态。平时练得越多，在真正的考试时，才会越自如。

从易到难

一般情况下，我们对自己擅长的题型和已掌握的基础知识点，都会有一个大致的了解。在实际考试的过程中，就应该先从这些点入手，把你确定能做对的、以前反复练习过的题目先保证答对。

因为任何一张试卷，在设置题目的难易程度的时候，基本都会从基础到难分三个档次。我们在实际答卷的过程中，首先要绝对保证的就是把基础题全部做对，这个分是绝对不能丢的。

对于难题，要根据自己的实际情况，如果时间充裕，又有一些思路，其他题也基本能保证正确的前提下，那就可以尝试进行挑战；但如果以上这些条件不满足，就不建议同学们在难题上耗费过多精力。我们要明确考试时间的第一性原理——争取把考试时间内的价值最大化，要牢记做题时间的分配也是考试考查的一项能力。

先审再答

在考试的时候，审题有时比答题更加重要。

一道题目放在眼前，一旦审题出现问题，无论后面你答了多少内容，都有可能得不到分。审题时，要把自己的视角代入到出题人的视角中，想想如果出题人是你，你在这道题目里要考查的是什么？在弄清楚这些内容之后，再去想想，之前有没有做过类似的题，当时你是怎么做的？再看看那道题与这道题有没有相似之处，是否可以借鉴答题思路？看到这里，有些同学会问：在最开始的章节里，不是说在做题的时候不要用类比思维吗？为什么在这里却又让大家用呢？因为前面所说的做题环境是在平时，在日常的训练过程中，我们要多去锻炼我们的演绎思维，所以才会要求同学们在平时做题的时候，尽量不要在脑海中搜寻是否做过类似的题目，而是要把当下的每一道题都当成新题去做。

当你通过审题弄清楚出题人的思路之后，不要马上开始答题，建议可以把题目再读几遍，确保审题无失误。

接下来我们再来谈一下如何对一张试卷进行审题。

首先，拿到试卷要先快速浏览一遍，对试卷内容和你要怎么开始答在心中有个大致雏形。哪些题是你非常熟悉的，可以绝对拿到分的，这一类的题就可以先做。

这里还有一个注意事项，需要向同学们再强调下：

请在考试时采用保守策略。

考试时，不建议同学们过分求新求变，面对一道题，当发现有不同解法时，不要着急去用新方法解题，而是要尽量采用你最熟知的方法去解答。还有在写作文的时候，经常会有同学为了得高分而使用新的文体。这样做当然是可以的，但前提是你非常了解这种文体，或者说，至少曾用这种文体写出过一篇完整且优秀的文章。

忘掉技巧

结构化思维强调多方位、多角度思考问题。但当我们使用各种技巧提升了应试力之后，我反而建议大家忘掉这些刻意使用的技巧。因为最好的技巧是让这些技巧成为你的习惯。当我们把时间一直用在思考使用什么样的方法、什么样的技巧去答题的时候，势必会造成大量时间的消耗。所以在掌握技巧和方法的过程中，应该有相对应的规划：

- 适应技巧；
- 熟练使用技巧；
- 内化技巧为习惯。

总之，最后要把你所有的技巧转化成你应试的习惯。只有形成习惯了，你才会在考试前或者考试时下意识地去使用它。

巧借工具

对每一位学生而言，纸和笔永远是最好的学习工具。我经常和我的学生说，哪怕你不相信自己的大脑，你也要相信你手中的纸和笔。每一次考试对我们而言都是重新审视自我的机会，无论是在考试的时候，还是在考试结束后的复盘。

- 第一步，拿出你的纸和笔；
- 第二步，写下你遇到的问题；
- 第三步，拆解这个问题；
- 第四步，找出这个问题背后的原因；
- 第五步，罗列出相对应的解决方法。

这五步走下来，你会对自己在考试时出现的一些关于知识点或者时间分配上的问题，或者你在后期需调整的学习规划上的问题，都格外清晰。

三、全盘打通：思维导图

前面，我们针对考试中遇到的各种问题给出了相应的解决方法，也通过第一性原理思维梳理了考试的本质其实在于输入。那么这一节我们将会讲讲如何在考前这个时间节点对输入进行详细梳理。

思维导图，作为一种结构和思维的体现，可以有很多种展现形式，比如我们平常所熟知的逻辑图、括号图、树形图、鱼骨图等。总之就是把内容用结构图梳理出来。

针对考试前的复习，我们可以通过思维导图从以下几个方面进行梳理。

考前笔记

对于文科科目,考前的笔记整理可以以整理课堂知识点笔记和书本知识点笔记为主。而理科,则以整理公式为主。

在整理笔记的时候,一定不能脱离我们的课本,还有我们的考试大纲。从考试大纲出发,结合课本,再去梳理笔记。在梳理笔记的时候从大到小,可以先用思维导图梳理清楚笔记的主干线,再去梳理笔记的各个分支。不要一上来就一个知识点一个知识点的重新去背,这样耗时太长,而且不利于知识点的串联。另外,我们在整理笔记的过程中还要结合错题本,因为错题本其实已经总结了一些你学习中的薄弱环节。针对这些知识点,我们在整理笔记的时候就要着重重新记忆,尽量做到在考试的时候不会因为知识点模糊不清而意外失分。

公式类的笔记,在重新梳理的时候,和文科类整理笔记的方法是完全不同的。不能只单纯地重复记忆,而是要进一步把它的推导过程、步骤及背后的原理搞清楚,然后再记忆这个公式。

这里还有一个与文理科都不同的科目:英语。英语的学习需要大量单词做基础,而背单词需要经过长时间的积累,很难通过考前突击达到非常好的效果。所以,只有在复习时间不是太紧张,其他科目又不会耗费过多复习时间的情况下,可以集中一段时间突击背一些单词。其他情况不建议。

已经做过的试卷

这里提到的试卷，并不特指我们做过的真题试卷，也包括我们之前在各类小测验中做过的试卷，和你在学习中自己安排完成的试卷。这些都在考前整理的试卷范围内。

整理试卷的时候，我们需要注意的是一些错题和难题，这两者要进行区别对待。对于错题，争取把错题背后的知识点搞明白。对于难题，如果它是一道超纲题，请直接忽略；如果这个难题只是相对难，那么在复习整理时，可以再做一遍。

在所有这些做过的试卷里，最需要我们花费心思的当然还是真题。因为真题一般意味着：易考题型和易考知识点。且一般情况下，易考题型和易考知识点不会出现特别大的改动。

这里建议同学们一定要把真题的整理放在最后，因为真题试卷是最接近实际考试试卷的。最后梳理真题，就是帮你梳理考试试卷的布局，帮你提前适应接下来的考试。

多重复习渠道

- 自我清单式复习。

这里的列清单，是指使用思维导图的方式，把要考的科目中经常考的那些知识点、相近的概念、老师强调过的问题、自己容易做错的地方，做一个统一的梳理。

- 集中复习与交错复习。

对于需要大量重复性记忆的复习内容,我们可以集中发力,把时间精力用在一个点上进行复习。对于较为枯燥的内容,可以使用学科交错的方法来复习,或者把需要背的内容和需要做的内容交叉开,这样在实际的复习过程中可以避免产生厌烦情绪。

另外,在复习的过程中,看和做也可以相互交替。看一会儿课本,整理一会儿笔记,再背一会儿单词,再做一会儿题。总之,不要让自己的学习情绪处于疲惫状态。

- 使用费曼学习法复习。

费曼学习法的原理是以教促学。

而复习的第一性原理是要把之前学习的内容高效输出,想要高效输出就需要我们对学习过的内容掌握程度足够高。检验对学习内容的掌握程度有两种方法,一种是通过别人来检验,另一种是通过试卷来检验。考试就是通过试卷检验;和别的同学互动,就是通过别人来检验。所以同学们在复习的时候不要闭门造车,可以结伴或组成小组,互相提问,互相分享,互相监督,互相检验大家对学习内容的掌握程度。

- 不浪费每一分钟。

虽然说考试前我们要调整好自己的身心状态,不要让自己过于劳累，但毕竟考前时间紧迫，能多利用一分钟时间，就多利用一分钟时间。所以在休息时间无法减少的情况下，就要把其他能利用的时间尽量利用起来，不浪费每一分钟。

四、纵向叠加：搭建记忆宫殿

在这一章最开始的时候我们提到，应试力的本质在于输入。

所有的技巧都是外力，真正决定你成绩好坏的关键因素是你对知识的掌握程度。想要对书本的内容掌握程度足够高，就要对每一个知识点的记忆都非常精确。所以在这一节中，我会使用搭建记忆宫殿的方式，教会大家如何精确记忆每一个知识点。

"记忆宫殿"这个词最早起源于一位希腊诗人。它的基本原理是通过一些我们熟悉的环境或场景，唤醒我们的记忆。使用在学习中，就是通过一些我们熟悉的词、熟悉的字、熟悉的应用唤醒我们记忆中的学习内容。那么在学习中具体该怎么使用这个方法呢？让我们一起往下看。

搭建记忆宫殿的步骤

- 第一步——找到知识内在的规律

在搭建记忆宫殿之前，我们首先要厘清一个知识的底层逻辑：

那就是在现有教育体系下，我们所学习的大部分知识都是有其内在逻辑和关联的。

既然知识点本身就有其相关联性，那我们在记忆或者复习的时候，就可以依照这个规律去记忆和复习。这种记忆法其实就是一种基础的记忆方法，只要反复练习、多加实践，在熟练掌握后，就可以有效地应用在学习中。

- 第二步——从明显到隐藏

在使用记忆宫殿记忆法的时候，我们要找到自己所熟知的场景，然后在这个场景里找出最能唤醒自己深层记忆的、有明显特征的指代物。

在这个过程中，你也可以使用自己熟悉、擅长的方式对需要记忆的内容进行编码，比如按照数字顺序、分类顺序进行指代。这样在后期调取大脑存储的知识点的时候，想到一，就能引出二、三、四……但需要注意的是：我们在归类的时候，要尽量从它们的相似性着手。

- 第三步——从零散到整体

任何有效的方法，都需要经过反复的实践检验。在我们使用记忆宫殿将大脑中的知识点重新梳理后，也需要进行多次的练习和复习，争取把它完全烙在大脑中。但我们要知道，任何方法都属于技能，既然是技能，就会有不完善之处，就有需要我们修缮的地方。实践的过程也是修正的过程。这也就是我们一直强调的：学习的第一性原理是要打造出自己的自学系统。在这套自学系统里面的每一个分支项，都要适用于自学，也就是适用于你自己。

技巧的适用性和局限性

那么看到这里，相信同学们应该比较清楚了，我们用记忆宫殿的方法复习和整理学习资料，其实就是在使用一种比较形象化的联想思维。而且前面我们也说了，记忆宫殿作为一种学习的技巧方法，必然会有它的适用性和局限性。

记忆宫殿法非常适用于像文科类需要进行大量背诵的科目。因为背诵内容多，就代表着有关联性的内容会比较多。而且书本中需要背诵的内容，一般会集中出现，比如一章一节的整体呈现，这就非常便于我们使用记忆宫殿这种联想记忆法。

而记忆宫殿的局限性体现在对理解力和想象力的要求上，对于理解力和想象力有限的同学，这个方法使用起来会比较困难。

五、拆解重构：论证迭代

你需要有批判性思维

哈佛大学的一位教授曾经提出过一个叫作"信息茧房"的概

念。这个词是指当一个人待在自己的舒适区很长时间后，就会如同蚕给自己织了茧一样，用茧（即舒适区）把自己包起来，无法用客观的态度去看待事物。

批判性思维需要我们跳出"信息茧房"，对所有事物持有怀疑精神。例如：一道轻而易举就能解出的题，会不会有其他更好的解题方法？每次成绩只能考中上的那门课，是不是可以集中精力进行一次提升和突破？

这样来看，批判性思维是不是更像通过质疑现有的成果取得进步的一种方法。

马斯克在接受采访的时候也曾说自己非常喜欢使用批判性思维，因为他认为只有这样，思想才不会僵化、固化；只有时刻具有批判性思维，才能一直保持进步。

同样的，我们在实践中提升应试力的技巧时也是如此。方法有很多种，但真正适合我们自己的却并不多。我们要把大家所熟知的或者别人所总结出来的经验变为自己的经验，那就需要将这些内容内化。这个内化，其实就是在实际使用的过程中，不断地对他人的方法进行批判和总结把他人的方法进行反复论证和迭代，最后变成适用于自己的方法。

论证适合自己的学习方法

正如前面所说，一开始想到的方法，不一定是最好的方法。只有经过实践检验的方法，才是适合自己的方法。

同学们，现在请找出一张纸，写出下面问题的答案：

- 你认为自己在考试技巧上存在哪些问题？
- 造成这些问题的原因是什么？
- 这些问题相对应的解决方法是什么？
- 哪些解决方法你已经实践过了？
- 为什么没有起作用？你觉得是因为什么？
- 针对每个现有问题，请写出相对应的解决办法。

如果同学们对这些问题还没有清晰的答案，那就请你打开试卷，把试卷错题归类，找出错误背后的根本原因后，再来回答这些问题。

同学们，最后我想说的是，在学校里，无论是从老师还是同学那里，你们都应该听过无数种应试技巧。可万变不离其宗，考试的本质考的是你的输入能力和输入结果，一切方法技巧都要建立在足够的输入之上。

这也就是我们一直在强调的：最好的应试技巧是从一开始就好好学习。

应试力只是锦上添花，没有扎实的基础，再多的锦上添花也只能是空中楼阁。

第八章

治疗（突破）

如何用第一性原理解决学习中的疑难杂症

> 本章的主题为：如何使用第一性原理思维解决学习中普遍存在的共性问题。

一、科学干预：马虎问题的分类和解决方法

被忽视的三种马虎问题

马虎的本质在于学习机制

同学们，这样的话你是否也曾说过或者听过？

- 我就是马虎了，不然这道题一定能得分。
- 你平时学习挺认真的，就是考试的时候太粗心了。

如果要说影响考试成绩的罪魁祸首，超过一半的学生都会把票投给马虎。有些是审题的时候马虎了，有些是看数字的时候马虎了，还有些是因为马虎漏看了关键信息……总之马虎的名目各式各样，但结果都是殊途同归——影响成绩。

但马虎作为影响成绩的最常见原因，很多时候它的危害性往往被大家忽视了。一说起马虎，大部分老师和同学都会在后面加一句：有点可惜，只要下次注意就不会再有这个问题了。可往往，下次、下下次，你依旧会马虎。

那么我们应该怎样去解决马虎这个问题呢？

首先我们要回到马虎问题出现的本质。因为按照第一性原理思维来说，只从表象问题去看，是无法从根本上找到解决方法的。而从本质出发，可能会发现问题不只表象问题这一种，可能会在各分支路径上都存在。所以，只有从本质出发这一种方法，才可以让我们从根源上解决马虎的问题。因为马虎只是外在的表现，本质是你的学习机制出现了问题。

你被马虎骗了

不知道同学们有没有发现一个奇怪的现象，我们很多时候会刻意把一些出错的原因归类为马虎。因为我们需要一个答案，"马虎"似乎可以回答绝大多数的学习问题。

但当你把所有问题都归在马虎身上时，就代表了你可能会忽视马虎背后的问题。

一个马虎学生的故事

马虎不可怕，可怕的是我们因为马虎这个表象问题忽视了真正存在的学习机制的问题。

这里我和同学们分享一个学生的例子。

这个学生身上被贴得最多的标签就是：马虎。家长说起他，最多的评价是孩子平时在家里也学习得很认真，就是考试的时候容易粗心大意，一个马虎，分就丢了。老师们评价他的时候也觉得他平时很努力，就是总在考试的时候粗心、马虎。

也就是说，大家都觉得这个学生平时是非常认真努力的，但是他的成绩就是一直在中游，始终无法向上突破。他自己也很委屈，父母也很着急。在这期间，他的父母还觉得他的成绩没有进步，可能是因为学习方法和技巧不够的原因，还专门给他聘请了家庭教师进行指导。可时间、精力都花了，效果却依然不大。

后来他的老师专门找了个时间，把他之前的试卷全部重新梳理了一遍，才发现了问题所在。

- 审题不严

读题的时候，这位同学常常会看错题目的条件和信息。例如：题目中给出的是 AB 段的距离，他在代入计算的时候，把 AB 段的距离代入成了 BC 段的距离；题目明明写的是单选题，结果他做成了多选题。更夸张的是，有些题目明明把已知项给得非常清晰了，可他在做题的时候，却忽略了这些信息，反而浪费了大量时间去进行计算。

- 手和脑不同步

这个问题出现最多的是在数字和单位方面，他在代入数字和单位的时候，落笔时经常写得和题目不一致。还有就是他的草稿总是写得非常凌乱，导致在往试卷上誊写的时候，总是抄错。

- 基础不牢

这是造成这位同学大多数马虎问题的根本原因。表面看是由于写错了一个物理公式，记错了一个历史时间，但其实是因为对相关的知识点记忆并不牢固。尤其是在遇到大量的相似知识点时，这种容易粗心的情况还会出现得更加频繁。

所以你看，表面看都是马虎的问题，但其实在马虎的背后存在着各种各样的原因。

从整体性出发解决马虎问题

解决学习问题，要从学习的整体性出发，解决马虎问题也同样是这样。那么下面我们根据马虎的类别，寻找下相应的解决方法。

第一类：审题不严导致的马虎

这其实是对题目信息提取产生的问题。出现这个问题较多的学生，通常在平时就比较毛躁，他们在读题目的时候喜欢一目十行，快速阅读。速度看似上去了，质量却降下来了。

这种情况我们可以使用反馈系统来解决。

同学们可以回忆一下，你在考试的时候是习惯只用眼睛看题目呢？还是边看边小声读呢？有些同学就要问了，这有什么不同？当然不同。

如果你只是用眼睛看,那么你的大脑接收到的信息都来自视觉。而如果你是边看边小声读的方式,那么你的大脑接收到的信息就会来自视觉和听觉。从科学的角度来解释,就是人类在学习的时候会有一个校验机制,当你同时使用视觉和听觉的时候,听觉会对视觉进行反馈和校验。

这里同学们可以做一个尝试,找出两句话。

- 使用第一种方法,你只看一遍然后进行复述。
- 使用第二种方法,边看边同时默读或者小声读出声音。

然后你对比两种方法,看你对这两句话,哪一种方法能更让你印象深刻。

答案不言而喻,肯定是第二种。其中的原理就是我们前面说的听觉对视觉进行了一个反馈和校验。

所以同学们在平时做题的过程中就可以使用这种方法,并养成习惯,让你的听觉和视觉形成相互校验。

第二类:手脑不同步导致的马虎

这种马虎问题相对比较严重一些。因为这已经不仅仅是你在抓取信息、识别信息时出现了问题,而是你在知识逻辑方面出现了问题。当你的内在知识逻辑出现问题的时候,你看到的内容会被其他干扰因素影响,从而造成输出错误。

解决这个问题需要从几个层面来努力。

首先依然是基础知识必须要扎实，这个基本功，不容置疑。

接下来是解决知识逻辑的问题。以实际问题举例，就是在做题的时候不要把所有的已知项全部一股脑地进行推导，而是要把信息一层层剖开。例如：一道有关正负数的题目，先找出题目中的正负符号，把这个先找清楚，然后再进行下一步。其实这个方法归纳起来很简单，就是我们在做题的时候，要学会拆解我们的题目，一个步骤、一个步骤去运算。确保前面的步骤正确，才能保证后面的步骤正确。

第三类：基础不牢导致的马虎

基础知识不牢，说白了就是你的知识体系是存在漏洞的。这个漏洞可以是一个知识点背得不熟，也可以是你的整个知识体系出现了断层或缺口。

这也就是我们一直在说，为什么记忆一定要是整体性记忆。因为你某一个学习环节中的知识点一旦出现了问题，你的学习系统整体就会出现问题。这里也体现了错题本的重要性。错题本往往会把我们的知识薄弱项呈现出来，所以要解决这个问题，就一定要结合你的错题本。

以上虽然讲清楚了马虎背后的原因和相关的解决方法。但是还有一个最重要的点却没有说——你的态度。

前面我们说了，马虎一点都不可怕，毕竟只要出现问题，我们回到本质去解决问题就可以了。但如果是你的心态出现了问题，再好的方法也很难有用。所以说，不要把马虎当成一件小事儿，也不要借着马虎去掩盖自己真实的问题，更不要以为自己没有取得理想的成绩，只是因为粗心大意。只有端正你的态度，问题才能从根本上得到解决。

二、预期差距：用心学却成绩不好的原因及解决方法

每个班里几乎都会有这么一些学生：平时学习很认真，每堂课，他们都在认真听讲，老师布置的作业也会仔仔细细地完成。按理说，这样的学生考试成绩肯定不会太差。但往往事与愿违，这些"努力"的学生，考试成绩真的不太理想。总感觉他们的考试成绩，配不上他们的努力程度。

但你要是仔细观察，就会发现这类学生的问题基本可以归为三种。

答题模式出现问题

我们在讲第一性原理思维时一直在强调，考虑任何问题的时候都不能只看表面或者说只抓一个点，而是要回到本质去整体性地看待这个问题。同样，在答题的时候，我们也要用到这种思维模式。考试的本质是要把卷面上的题目尽可能高效地完成。所以这里就需要考虑答题的时间、答题的速度、题目的主次分配。

有些同学，平时学得很认真，说明他们的基本功相对比较扎实。但如果成绩并不理想，就很可能是答题时间或答题速度，或

答题技巧出现了问题。

对此，解决的方法很简单，平时就可以进行刻意地练习。比如准备一张小的测试卷，给自己规定好时间，在这个答题时间内，不能做任何与答题无关的事，不可以喝水，不可以上厕所，也不可以分心，然后把所有的注意力集中在眼前的这张试卷上。做完试卷后分析自己出现了什么问题，在规定的时间内有没有答完所有的题目，如果没有答完的话，问题出现在哪里？是因为自己的做题速度慢，还是因为在不该浪费时间的题目上耗费了过多时间。总之，找出问题所在，然后针对这个问题去进行专项训练。

答题速度慢，那就进行针对答题速度的训练。这里也要明确，你是因为解题方法、解题步骤不对而导致的答题慢，还是因为你写字速度慢导致的答题慢，或者是因为你在审题和检查的过程中出了问题而导致的答题慢，这些问题一定要拆分清楚，一个一个地弄明白，这样才能系统地解决答题模式中出现的问题。

识别信息出现问题

还有一种情况就是，很多同学会在读题的时候出现漏题或者看错题的问题。这里其实就涉及了我们上一节所讲的马虎问题。那么我们就可以引入校验机制，通过边看边轻声读的方式，让你的听觉对你的视觉进行检验。还可以让你的手动起来，在读题的过程中，将一些关键词、关键的信息点圈出来，以便查验自己是否漏掉了重要信息。

其实这种方法也是在让你形成一种条件反射。我们说，好的学习习惯一定能为你带来好的学习效果。这个学习习惯并不只指平时要养成读书、做作业的习惯，也包括良好的做题习惯。你在做题时把这些重要信息标注出来的动作，就是养成识别重要信息这个习惯的过程。

其实，读到这里很多同学就会发现，每一个表面出现的问题，背后其实都只是一个很小的卡点，只要把这个卡点解决掉，大多数问题将不再是问题。

你只是在假装努力

前面我们说过，心态决定一切。在这一节仍然要谈到心态这个问题。

我见过很多学习成绩不理想的学生，并不是他们学得好却考不好。而是他们真的就没有好好学。努力、认真只是他们装出来的假象。

表面看他们在努力学习，上课坐得端正，但其实心思根本不在课堂上。有些同学非常夸张，上课时可以配合老师做出各种疑惑或懂了的神情，但其实，脑子里想的根本就和课堂内容无关。

还有些同学放学回家或者自习的时候，表面看起来桌子上摆的是书本，但书本里面有可能夹的是手机；看起来电脑页面上显示的是网课，但只要不监督他，他立马就可以切换到游戏。

同学们，如果你曾经有过假装努力的情况，请一定要尽快停止。

假努力骗的绝对不是你的老师或者你的父母，骗的是你自己。之前我们在讲到沉没成本的时候，专门和同学们算过这个账。你一节课没有听，表面上浪费的是这一节课，但其实，你浪费的是这一节课所讲的知识，这会导致你跟不上下一节课的进度，又要再找别的时间去补上这一节课。我们的学习节奏相对而言是比较紧张的，你浪费了一节课去表演你的努力，相同的时间内，别的同学用这一节课，将自己的知识体系完善得更好。这样的情况越多，你们之间的差距就会越大。这也就是我一直在对同学们说的：心态决定一切。只有摆正了自己的态度，才能收获好的结果。而且还有最重要的一点，学习的第一性原理是自学，你自学系统里的哪项技能都离不开你的主观能动性。一旦你没有自律，没有主动性，再多的技能和方法都只是空谈。

三、价值决策：成绩不稳定的原因及解决方法

有句话说："不担心成绩不够好，就担心成绩不稳定。"

对于大多数同学而言，成绩差了，我们可以找出成绩差背后的原因，然后去解决这个问题。但如果成绩不稳定，往往会造成不可预知的结果。如果正好是发挥不好的时候遇到了大考，那影响往往会很大。所以最好是成绩能稳步提升，即使无法稳步提升，也要至少保持相对稳定。

成绩不稳定，忽高忽低，有各种各样的因素，下面让我们一起来看看有哪些解决办法。

基础知识

这里依然把基础知识排在第一。虽然成绩不稳定的原因有很多，但绝大部分都是因为基础知识不扎实。为什么这么说呢？有些同学相对而言比较偏科，还有些同学比较偏某科的某部分内容。比如某一门学科，他对某一些知识板块掌握得非常牢固，但对有些知识板块却非常生疏。比如物理，有些同学喜欢力学，却不愿意搞清楚电磁学。可考试，都会按照考试大纲进行各大知识板块的分数占比分配。如果运气不好，你擅长的内容板块并不是这次考试的重点，就可能会导致你的成绩向下波动。如果运气好，考试的重点内容正好是你擅长的内容板块，这就有可能使得你的成绩向上波动。可是谁也无法保证，每一次考试的重点都会向你擅长的内容倾斜，这就形成了一个结果未知的现象，不可控的因素导致了不可控的结果。

应试技能

可以通过提升应试力解决应试技能的问题。如果出现这类问题，同学们可以回头看看我们上一章的内容，整个章节都在讲如何解决这个问题。当然了，还有一点，我们时时刻刻要站在巨人的肩膀上，要学会借力。比如你想去提升自己的应试技能，那么就应该去借那些应试技能非常强的人的力。比如有着多年相关经验的老师，比如你们班上成绩比你更好的学霸同学。课堂上可以听老师讲，听老师的分析，课堂外可以多向同学请教。

规范性问题

提到规范性问题造成的丢分，这个就比较可惜了。有些同学不是因为做错题而失分，而是在答题的格式，甚至卷面的整洁度上失分，这些都会影响你的最终分数。我们说如果因为题难或者其他客观原因导致成绩出现波动，这种情况我们有时无法避免。但如果因为规范性问题而失分，那就真的太可惜了。所以同学们一定要避免这类错误。总之一句话，我们不能在不该失分的地方失分。

四、知识树叶：输入不足的原因和解决方法

这一节我们所指的输入，主要侧重于文科。其实输入不足无非离不开两个点：要么是阅读的时间不够，要么就是阅读的兴趣不够。

抓住输入的黄金时间

如果同学们分析过这几年的作文题目就会发现。近几年作文考试的素材范围越来越广，英语作文题也增加了很多和文化相关的内容，不再只局限于一些时刊小短文。甚至理科题目的字数也是越来越多。这所有的现象都表明了阅读的重要性。

但在现实中，我们遇到的实际情况是很多同学并没有那么多的阅读量。可以这么说，在学习上，我们的输入量很难去支撑我们的输出量。

输入量的多少对我们越来越重要，既然这个问题存在，那么

我们就要去解决它。

输入宜早不宜晚。小学初中时期的学习任务并没有那么繁重，所以在这个阶段，应该利用空闲时间进行大量的阅读。当然这里的阅读一定要以经典为主。首先经典是经过历史的沉淀和洗礼的，是在历史长河上，一代代的人帮我们筛选出来的作品。为什么我要单独提到这一点？因为以前，我发现有很多同学，一提阅读，看的全是网络小说。尤其是现在处于短视频时代，网络上各种信息混杂，这种快餐式阅读，越来越受大多数人的欢迎。好的阅读习惯对于我们而言就更弥足珍贵了。

前面写了，越早开始输入越好。那么还有哪些黄金时间我们可以抓住呢？之前我们在分析一天的黄金时间时曾经提到，每天早上早起后的时间适合晨读。而且，早起适合诵读，不适合默读，这一点需要向同学们再次强调。当然了，虽然说输入很重要，我们也要劳逸结合，不要把所有的休息时间全部都用来输入。

见缝插针式输入

现在的学生课业相对而言比较繁重，尤其是处于高中阶段的学生，很难抽出大量时间去进行阅读。那么这个时候我们就不能再去泛泛而读了，而是要有针对性地进行阅读。

以考试大纲为基准

虽然说考试成绩并不能决定我们的一生，但是却能决定我们当下是否能进入理想的学校。既然目标清晰，那么就要以目标为主。想要考出好的成绩，就要遵守考试的规则。针对考试相对应的考试大纲，把考试大纲研究透彻。对需要我们重点阅读的内容，重点阅读。书海浩瀚无垠，想要把所有的书籍全部阅读完毕，是很不现实的。所以，在现阶段，阅读应以考试大纲推荐的书籍为主。

以重点章节为基础

这里主要针对一些经典的大部头著作。像四大名著，如果你之前读过了最好，如果还没有读过，而且时间又不允许你全部从头读完，那就可以根据以往的考试点，或者考试大纲推荐的内容，将重点章节详细读透即可。

这里有一个最重要的原因：一本名著想要吃透是很难的，需要你反复阅读，反复揣摩，才能明白作者想表达的内容和其中的深意。所以，如果没有大量的时间，请挑重点的章节反复阅读。

详略得当

要求我们在阅读的时候一定要分清主次，需要重点阅读的内容，一定吃透。泛泛而谈的内容，简单读过即可，只要了解大概的意思就行。

梳理阅读内容

其实就是建立我们的阅读树。我们都知道，一本书读完，你最先记住的是故事的内容，其次是其中的主要人物，或者是一些你喜爱的句子、场景。但无论是哪一种，过了一段时间之后，很多内容都会被忘掉。如果要完全记住，就要反复记忆，这显然是不现实的。我们说了，现阶段的阅读，还是要以考试为目的的。所以我们在现阶段进行阅读的时候，要尽量做到读一遍就有一遍的效果。阅读前先了解作品的背景、作者的背景，然后再通过章节和人物关系等梳理清楚全书的脉络，用树状结构或者任意一个你习惯使用的梳理方式去梳理输入的内容。

从输出中输入

前面讲的内容，针对的是我们课外书的阅读。但阅读绝不仅限于这些，日常中学习到的新的文体、某篇精彩的短文，一首诗篇，这些都是输入。单独去攻克这些内容的话，先不论时间问题，光是有无阅读兴趣这一点，就很容易让大多数人退避三舍了。

所以，我们可以在输出中去输入。比如，做阅读理解，也是输入的过程。总之，抓住每一个能够让你输入的机会。

五、动机回避：沉迷网络的原因和解决方法

沉迷的原因是你无事可做

在这节的最开始，同学们不妨先跟着我回忆……

- 你在哪些时候不会打游戏、玩手机？
- 你觉得是什么原因呢？

不知道同学们的答案是什么，我在这里先说一种情况：每次假期结束开学前补作业的最终时刻，这段时间你大概率是不会去玩手机或者玩游戏的。为什么？因为你很清楚必须要完成眼下的作业，于是你把全部的精力都集中在了写作业上，无法分出更多的精力去玩手机。

同学们可以继续试着回想一下，你在玩手机的时候到底是在做什么？是不是只是在无意识地刷网页，通过这个行为去消磨自己的无聊时间？

其实当你沉迷于玩手机的时候，你只是沉迷于无事可做。或者我们换一种说法，你正在做的这件事情无法调动起你的兴趣，所以你把目光转向了能够更加刺激你多巴胺分泌的手机。

就像很多同学也经常会说，自己并非不懂得要好好学习，也知道手机对学习的影响。可是他们就是做不到放下手机。为什么呢？因为没有找到替代品，或者说是，相比学习而言，手机更能让他们感到快乐和放松。

所以这也就是在前面的章节我们一直在强调给自己培养一项运动爱好的原因。用运动去代替玩手机，多让自己走到户外去。手机消耗的是你的专注力，而运动锻炼的是你的专注力。把自己的时间填满，包括休息的时间。要怎么样休息，也应该制订出相应的计划。至少让自己有事可做，而不是在无事可做中让手机有机可乘。

学习并不是一件绝对快乐的事

这里我先要打破大家对学习的一个幻觉。不知道同学们有没有发现,从小到大我们身边的人,无论是父母还是老师,还是书本,都在告诉我们,学习是一件快乐的事,获得知识也是一件快乐的事。可是却忽视了一个问题,相比手机给我们的快速反馈,学习带来的反馈机制相对耗时较长。手机是短平快,学习却需要长期坚持,才能获得正向反馈。

所以这也是我不建议大家一上来就把学习当成一件快乐的事的原因。因为当你的内心有了对快乐的期待,可在实际学习的过程中却发现它并不能给你带来及时的快乐反馈时,就会产生巨大的心理落差。

为什么说坚持是学习中最难的一件事?因为坚持就代表着你要在很久之后才能收获到正向反馈。可是很多人根本不愿意去坚持那么长时间,也很难坚持那么长时间,这必然是和心理落差有关系的。所以我一直强调,不要把学习当作一件快乐的事,它只是一件你必须去做的事。

不要太相信你的自制力

我经常会跟学生说,不要过分依赖你的自制力,也不要刻意让自己去自律。自律本身就是违背人性的,它就是在挑战你的舒适区。当你非要去用意志力和它对抗的时候,它趋利避害的天性,会一点点吞噬掉你的自制力。

一旦你明白这一点，就能借助外界力量帮助自己自律。在学习的时候，把所有的干扰因素从身边移开。让你的视线所及范围之内都是与学习相关的东西。这里提到的外力，是指和自己的同学组成学习小组，互相监督，或者可以让父母对自己进行督促。

六、自我效能：习得性无助的原因和解决方法

心理学认为，想要去做什么事，却没有办法去做，或者在去做某一件事情时会感到恐惧，在这种状态下，人会产生一种无力感。

这种无力感并不是与生俱来的，而是在后天习得的。因此这种现象被统称为习得性无助。

现在的学生学习压力比较大。尤其很多人在努力学习很久之后，发现还是考得不够好，就会对自己产生怀疑。

尤其是一些成绩还可以的同学，不是学神、学霸，但又比普通学生的成绩要好一些，处于中等偏上的状态。想往上努力一些吧，学霸太多了，怎么拼都拼不过别人。努力奋斗了很久，还是无法取得理想的结果，内心逐渐进入了一种失控、失衡的状态。一方面会厌恶自己，否定自己的能力，另一方面又会对身边的环境产生反感。最后把一切的原因都归结在自己的身上，否定自我，从而陷入习得性无助的状态。

这种状态会让你变得越来越迷茫，越来越不自信，而迷茫和不自信又会让你感觉到更加无助，最终陷入无限的循环。

那么针对这种情况，我们应如何去进行改善呢？

正确评估自我

很多时候，我们给自己设立了过高的目标，或者习惯与他人做对比，这其实是因为我们对自我认识不足。当你对自己的学习现状和自身的能力水平没有正确的认知时，就很容易在和别人的对比过程中产生无力感。

所以说，我们在做对比的时候，尽量去和自己的过往做对比，也就是纵向地对比。我们在之前的学习力那一章讲过，进步是一点点完成的，任务难度也是一点点提升的。

每个人的起点、天赋、环境都不一样。盲目和别人进行对比，只能徒增自己的焦虑。

还有，我们在制订学习计划的时候，包括找对标目标的时候，一定要考虑自己当前的状况。比如，你现阶段的真实学习水平如何？你的提升空间有多少？把这些弄清楚之后，再去设定自己的学习计划、学习目标。设定计划和目标不是一件想当然的事，需要实实在在的数据支撑。我之前有一位学生，某一天突然觉得自己的成绩太差，想要迎头赶上，就给自己设立了一个超高任务量的学习计划，结果坚持了不到三天就放弃了。所以说，从现状出发，规划合理的学习任务，树立可完成的学习目标，才是正确的思路。

从舒适区的小事做起

数学考试最后一道大题你做不出最终答案，但你可以列出相关的公式；语文考试你写不了一篇满分作文，但至少可以用一些佳词佳句。

不仅是在考试中，在平时的学习过程中、和同学相处的过程中，都可以采用这种从小事出发的方式，每个人都有自己的擅长点，把擅长的地方当作自己的舒适区，在舒适区一点点进行提升。不退步就是在进步。积少才能成多，积小方能为大。

不放大失败和挫折

很多人终其一生才会明白会认输的品质有多么重要。会认输，不是让你一直认输，不再努力。而是在遇到失败和挫折的时候，不把自己困在失败和挫折里，不去强化这些负面信息，从而能理性分析、客观总结，并从中找出问题所在，然后攻克它。

不怕偶尔输，就怕输不起。

我的学生中就有很多人比较"玻璃心"。"玻璃心"作为敏感体质的一个表象，不能说它一定不好，但是它带来的负面影响会比较大。既然失败已成事实，那就打起精神重新再来，而不是放任自己的情绪陷在里面一直走不出来。

转换关注点

从某个角度来说，骄傲也可以成为一个优点。因为骄傲的人，首先是相信并肯定自己的。比起否定自我，肯定自我带来的收益必然会更大。金无足赤，人无完人。没有人是生来完美的，学霸也有自己的弱项，也无法保证自己在考试时次次都能稳定发挥。

所以，当你在学习中遇到困境的时候，不妨多去晒一晒。

- 晒一晒状态

好的心情，才可以让你进入好的学习状态。状态不好的时候，允许自己停下来，稍作休息，或者去户外运动，给自己换个状态。

- 晒一晒收获

有失必有得。在这里遇到挫折，在那里拥有收获。多看一看你的进步，多分享一些你的成长，把关注点从挫折改为收获。

有人说，这世上有一种人离成功最近，那就是自信的人。

同学们，无论何时，都请一定要相信自己。自信不仅可以唤醒积极的情绪，还能对自身形成一个正向回馈。不要担心自己做得不够好，不要担心自己做不到，每个人都有属于自己的成长方式、成长路径和成长节奏。不急不慌，按照适合自己的方式慢慢成长，静待花开，一切终有回响。

同学们，书到这里，已近尾声。回顾全书，我们的很多内容都在围绕第一性原理思维。学习的本质是自学，自学的第一性原理归根到底是要建立适合自己的自学系统。

自学系统的构建，需要强化我们的学习力、专注力、行动力、内驱力、应试力，需要从预习到课堂到复习，整个流程进行优化。

总之，抛开问题表象，回到根本，从根源出发，找出最佳解决方案，是在学习中使用第一性原理的思路。

最后想对各位同学说一句："学习不是唯一的出路，但它是你通往世界的最佳途径。"再好的学习方法，终究要你自己去实践。加油！为了燃烧的青春，为了想要实现的梦想。